Denise Reinholdt

Küchenpraxis: 52 schultaugliche Backofenrezepte

Hauswirtschaftliches Grundwissen, Warenkunde und Zubereitung

5.–9. Klasse

Die Autorin

Denise Reinholdt hat Ernährungs- und Verbraucherbildung, Biologie und Chemie studiert. Sie unterrichtet u. a. Hauswirtschaft und das Profil Gesundheit und Soziales. Bereits im Studium hat sie sich insbesondere in den Bereich der Ernährungsbildung vertieft und während des Referendariats nebenberuflich Kochkurse an der Volkshochschule gegeben. Sie ist weiterhin mit Begeisterung in der Schulküche im Einsatz.

Gedruckt auf umweltbewusst gefertigtem, chlorfrei gebleichtem und alterungsbeständigem Papier.

1. Auflage 2015
© Persen Verlag, Hamburg
AAP Lehrerfachverlage GmbH
Alle Rechte vorbehalten.

Das Werk als Ganzes sowie in seinen Teilen unterliegt dem deutschen Urheberrecht. Der Erwerber des Werkes ist berechtigt, das Werk als Ganzes oder in seinen Teilen für den eigenen Gebrauch und den Einsatz im Unterricht zu nutzen. Die Nutzung ist nur für den genannten Zweck gestattet, nicht jedoch für einen weiteren kommerziellen Gebrauch, für die Weiterleitung an Dritte oder für die Veröffentlichung im Internet oder in Intranets. Eine über den genannten Zweck hinausgehende Nutzung bedarf in jedem Fall der vorherigen schriftlichen Zustimmung des Verlages.

Sind Internetadressen in diesem Werk angegeben, wurden diese vom Verlag sorgfältig geprüft. Da wir auf die externen Seiten weder inhaltliche noch gestalterische Einflussmöglichkeiten haben, können wir nicht garantieren, dass die Inhalte zu einem späteren Zeitpunkt noch dieselben sind wie zum Zeitpunkt der Drucklegung. Der Persen Verlag übernimmt deshalb keine Gewähr für die Aktualität und den Inhalt dieser Internetseiten oder solcher, die mit ihnen verlinkt sind, und schließt jegliche Haftung aus.

Coverfotos: Agence DER – Fotolia.com, juniart – Fotolia.com, vladi59 – Fotolia.com, manyakotic – Fotolia.com, mariesacha – Fotolia.com, nblxer – Fotolia.com
Illustrationen: Nataly Meenen, Julia Flasche, Mele Brink
Satz: Satzpunkt Ursula Ewert GmbH, Bayreuth

ISBN: 978-3-403-23533-0

www.persen.de

Inhaltsverzeichnis

Vorwort 4

1. Theoretisches Hintergrundwissen

Unterrichtshinweise

1 Teiglockerung mit Backpulver 5
2 Teiglockerung mit Hefe 5
3 Physikalische Teiglockerung 6
4 Der Backofen 7
5 Backen wie die Profis 7
6 Gruppenpuzzle: „Das Weizenkorn" 10
7 Getreidedomino 10

Schülermaterial

1 Teiglockerung mit Backpulver 11
2 Teiglockerung mit Hefe 12
3 Physikalische Teiglockerung 15
4 Der Backofen 16
5 Backen wie die Profis 18
6 Das Weizenkorn 19
7 Getreidedomino 24

Lösungen zu den Arbeitsblättern 25

2. Rezepte mit Unterrichtshinweisen

Erläuterungen zum Rezeptteil 32
Amerikaner 33
Apfelkuchen vom Blech 35
Baguettes mit verschiedenen Belägen
(Champignon/Salami/Hawaii) 37
Biskuitrolle/Süße Spiegeleier 40
Blechpizza mit schnellem Hefeteig 43
Bratäpfel im Nussmantel mit selbst gemachter
Vanillesoße 45
Brötchen aus Quark-Öl-Teig 47
Erdnusscookies 49
Fischauflauf mit Porree und Frischkäse 51
Fladenbrot mit Fetacreme 53
Fladenbrot mit Hackfleisch 55
Gebackene Kürbisspalten mit Pestoquark ... 57
Gefüllte Paprikaschoten 59
Gefüllte Zucchini 61
Gyrosauflauf 63
Herzhafte Blätterteigstangen 65
Kabanossi-Frischkäse-Taschen 67
Kartoffelgratin 69
Kastenbrot 71
Käsekuchen 73
Kirschtaschen und Apfeltaschen 75
Kokoskuchen 77
La Flute 79
Muffins (Frischkäse-Himbeere/Banane-
Schokotropfen/Schokolade) 81
Mürbeteig (Grundrezept/Vanillekipferl/
Orangenplätzchen/Käsecracker) 83
Nudelauflauf mit Brokkoli und Hackfleisch ... 86
Nudelblech 88
Nusskuchen 90
Quark-Öl-Teig, süß und herzhaft gefüllt 92
Schlemmerfilet Bordelaise 94
Schnelle Flammküchlein/
Thunfisch-Blätterteig-Küchlein 96
Tortelliniauflauf 98
Tortillapizza mit Gemüse/Enchiladas 100
Überbackene Spiegeleier 102
Überbackener Tortillachips-Salat 104
Versunkener Schokoladenkuchen 106
Wedges mit Sour Cream 108
Windbeutel 110
Zitronenrührkuchen 112
Zwetschgenkuchen mit Streuseln 114

Auf der CD befinden sich alle Rezepte noch einmal als editierbare Worddateien.

Vorwort

„Was kochen wir nachher mit Ihnen?" — Eine Frage, die Schüler brennend interessiert.

Dieses Mal jedoch lautet die Antwort: „Nichts! Wir kochen heute nicht! Denn heute wird gebacken."

Mit diesem Titel zur „Küchenpraxis" möchte ich Ihr Repertoire an Rezepten für den Backofen erweitern. Während sich der Titel „Küchenpraxis: 42 schultaugliche Kochrezepte" (Bestellnr. 23445) mit der Arbeit in Topf und Pfanne befasst, wird in diesem Band ausschließlich mit dem Backofen gearbeitet. Sie finden in gewohnter Weise komplett ausgearbeitete Arbeitsmaterialien mit starkem Praxisbezug und eine große Auswahl erprobter Rezepte mit ausführlichen Unterrichtshinweisen. Die Zubereitung von Gerichten wird harmonisch mit der Bearbeitung theoretischer Inhalte kombiniert. Sowohl Kollegen, die neu im Fach sind, als auch Kollegen, die bereits in Hauswirtschaft unterrichtet haben, werden sich über neue Anregungen zur Unterrichtsgestaltung und neue Rezepte freuen, denn: Praktischer Unterricht in der Küche ist ein Balanceakt aus Zeitmangel, Geldmangel, Lehrplan und Lust auf Genuss!

Die Kosten für frische Lebensmittel sind erheblich, und mit dem vorhandenen Budget muss planvoll umgegangen werden. Außerdem bleiben in den meisten Fällen nicht mehr als 90 Minuten Zeit, um den Schülern theoretische Inhalte zu vermitteln und die praktische Erfahrung in der Küche zu ermöglichen.

Glauben sie, dass es möglich ist, in dieser Zeit mit Kindern einen gelingsicheren Hefeteig herzustellen? Oder gar ein Brot zu backen?

Ja, ist es!

In diesem Band bekommen Sie Rezepte für den Backofen und Hinweise für deren Einsatz im Unterricht. Um die Arbeit am Backofen auf fachlich sicheres Niveau zu bringen, finden Sie Unterrichtsmaterialien für einen praxisnahen Theorieunterricht zu folgenden Themen:

- Der Backofen
- Teiglockerung mit Backpulver
- Teiglockerung mit Hefe
- Physikalische Teiglockerung
- Der Backofen
- Teigarten und Backutensilien
- Das Weizenkorn
- Getreide allgemein

und natürlich viele leckere Rezepte für die Arbeit mit dem Backofen.

Ich wünsche Ihnen und Ihren Schülern viel Spaß in den gemeinsamen Stunden!

Denise Reinholdt

Unterrichtshinweise: Theoretisches Hintergrundwissen

1 Teiglockerung mit Backpulver

Inhalt:

- Arbeitsblatt
- Lösungsblatt

Vorbereitung:

Das Arbeitsblatt im Klassensatz kopieren. Wenn die Schüler selbst mit der Lösung vergleichen sollen, dann kann man diese vierfach kopiert bereitstellen.

Für den Versuch brauchen Sie für vier Schülergruppen neben heißem Leitungswasser folgende Materialien:
- 4 kleine PET-Flaschen
- 4 Beutel Backpulver
- 4 Luftballons (plus Reserve, falls einer reißt)

Durchführung:

Die Kinder/Jugendlichen bekommen das Arbeitsblatt „Backpulver — Das Wundermittel aus dem Labor" und führen dann den Backpulver-Versuch selbstständig durch. Sie stehen helfend bereit, falls die Schüler Probleme beim Formulieren der Lösung haben. Zur Vermeidung von Kleckereien weisen Sie die Kinder darauf hin, dass der Versuch möglichst über dem Waschbecken durchgeführt wird und dass es sinnvoll ist, den Luftballon am Flaschenhals festzuhalten. Das Ergebnis kann in Selbstkontrolle mit dem Lösungsblatt verglichen oder in der Gruppe besprochen werden.

Der Luftballon bläht sich schöner und gleichmäßiger auf, wenn er vor dem Versuch schon einmal aufgeblasen wurde. Dabei besteht allerdings die Gefahr, dass der Ballon platzt oder zu viel Feuchtigkeit durch Speichel hineingelangt — es funktioniert auch ohne. Wenn Sie den Schwierigkeitsgrad dieser Stunde reduzieren wollen, dann schneiden Sie die Kästchen mit der Versuchsanleitung aus und ermöglichen den Schülern zuerst, sich nur darauf zu konzentrieren. Die Erklärung sollte dann im Anschluss im Plenum stattfinden.

Es liegt nahe, in der dazugehörigen Praxisstunde einen Kuchen mit Backpulverteig zuzubereiten. Bei der Planung sollte überlegt werden, ob es eventuell sinnvoll ist, die Praxis vorzuziehen. Bei Amerikanern könnte man die angehängte Theoriestunde nutzen, um den Guss trocknen zu lassen. Auch andere Backwaren wie beispielsweise der Versunkene Schokoladenkuchen oder die Frischkäse-Himbeer-Muffins brauchen eine Abkühlphase, da sie direkt nach dem Backen noch sehr weich sind. Die superschnell zubereiteten Erdnusscookies sind jedoch unproblematisch erst nach der Theoriestunde zuzubereiten.

Sie finden im Rezeptteil bei den Unterrichtshinweisen zum Zubereiten des Zitronenrührkuchens einen weiteren Versuch zur Verwendung von Backpulver. Darum wäre es sinnvoll, diesen Kuchen in einer zweiten Unterrichtsstunde zum Backpulver zuzubereiten.

Rezepte aus diesem Band, die sich für eine passende Praxisstunde anbieten:

Amerikaner S. 34, Erdnusscookies S. 50, Frischkäse-Himbeer-Muffins S. 82, Versunkener Schokoladenkuchen S. 107, Zitronenrührkuchen S. 113.

2 Teiglockerung mit Hefe

Inhalt:

- Infoblatt
- Arbeitsblatt (2 Seiten)
- Lösungsblatt

Vorbereitung:

Das Infoblatt soll für jede Schülergruppe einmal bereitliegen. Da in der Stunde ein Hefeteig zubereitet wird, wäre es sinnvoll, das Infoblatt zu laminieren, um es vor Verschmutzung zu schützen. Das Arbeitsblatt „Hefe – Dein Freund und Helfer" im Klassensatz kopieren. Wenn die Schüler selbst mit der Lösung vergleichen sollen, dann kann man diese vierfach kopiert bereitstellen.

Für die Schokobrötchen brauchen Sie neben warmem Leitungswasser folgende Zutaten für vier Schülergruppen:
- 2 Würfel Hefe
- 1 kg Mehl
- 200 g Zucker
- 200 g Schokoraspel
- 100 g Butter

Unterrichtshinweise: Theoretisches Hintergrundwissen

Durchführung:

Die Kinder/Jugendlichen finden in der Schulküche das Infoblatt und stellen selbstständig die Schokobrötchen her. Dabei lernen sie Hefe und ihre Ansprüche kennen. Während die fertig geformten Brötchen auf dem Backblech ruhen, haben die Schüler Zeit, alles abzuwaschen und aufzuräumen. Händigen Sie im Anschluss das Arbeitsblatt zum Thema Hefe aus. Hierauf können die Schüler auch das Rezept für die Schokobrötchen festhalten.

Bei Schülergruppen mit geringer Lesekompetenz sollte die Unterrichtsstunde anders gestaltet werden: Gehen Sie gemeinsam mit den Kindern die Schritte auf dem Weg zum Schokobrötchen durch und stellen Sie am Ende das fertig zusammengefasste Rezept zum Abschreiben zur Verfügung. Je nach Niveau Ihrer Schülergruppe kann das Ergebnis in Selbstkontrolle mit dem Lösungsblatt verglichen oder in der Gruppe besprochen werden.

In dem Material zu dieser Stunde ist bereits eine Praxisstunde integriert. In den folgenden Stunden sollten weitere Heferezepte folgen.

Rezepte aus diesem Band, die sich für eine passende Praxisstunde anbieten:

Apfelkuchen vom Blech S. 36, Blechpizza mit schnellem Hefeteig S. 44, Fladenbrot S. 54, Kastenbrot S. 72

3 Physikalische Teiglockerung

Inhalt:
- Arbeitsblatt
- Lösungsblatt

Vorbereitung:

Das Arbeitsblatt im Klassensatz kopieren. Wenn die Schüler selbst mit der Lösung vergleichen sollen, dann kann man diese vierfach kopiert bereitstellen.

Für den Versuch brauchen Sie neben heißem Leitungswasser folgende Materialien für vier Schülergruppen:
- 4 kleine PET-Flaschen
- 4 Luftballons (plus Reserve, falls einer reißt)

Die PET-Flaschen legen Sie bitte mindestens eine Stunde vor dem Versuch ins Gefrierfach. Die Flaschen werden offen eingefroren, da sie sich im geschlossenen Zustand durch die höhere Dichte der kalten Luft zusammenziehen würden.

Durchführung:

Die Kinder/Jugendlichen bekommen das Arbeitsblatt und führen dann den Versuch selbstständig durch. Weisen Sie sie darauf hin, dass es unter Umständen sinnvoll ist, den Luftballon am Flaschenhals festzuhalten. Der Luftballon bläht sich schöner und gleichmäßiger auf, wenn er vor dem Versuch schon einmal aufgeblasen wurde.

Lassen Sie die Schüler auch den Gegenversuch antreten. Die Flasche mit dem aufgeblähten Luftballon wird zurück in den Gefrierschrank gelegt – der Luftballon wird sich in wenigen Minuten wieder zusammenziehen! Zurück im Wasserbad bläht er sich erneut auf.

Auf dem Arbeitsblatt werden zwei Varianten der physikalischen Teiglockerung vorgestellt: Teiglockerung mittels Ausdehnung der eingearbeiteten Luft und durch verdampfendes Wasser. Viele Schülergruppen werden nach Durchführung der Versuche Hilfe bei der Erklärung des Phänomens benötigen. In diesem Fall sollten die unteren Aufgaben im Plenum bearbeitet werden.

Sie finden im Rezeptteil Teige mit beiden Varianten der physikalischen Teiglockerung.

Rezepte aus diesem Band, die sich für eine passende Praxisstunde anbieten:

Teiglockerung durch Eischnee:
Biskuitrolle S. 41, Nusskuchen S. 91, Baiser (Unterrichtshinweise zu Zwetschgenkuchen mit Streuseln) S. 114.

Teiglockerung durch eingearbeitetes Wasser:
Herzhafte Blätterteigstangen S. 66, Kabanossi-Frischkäse-Taschen S. 68, Kirschtaschen und Apfeltaschen S. 76, Orangenplätzchen, Vanillekipferl, Käsecräcker (Mürbeteig) S. 84–85, Schnelle Flammküchlein S. 97, Thunfisch-Blätterteig-Küchlein S. 97.

Unterrichtshinweise: Theoretisches Hintergrundwissen

4 Der Backofen

Inhalt:
- Arbeitsblatt (2 Seiten)
- Lösungsblatt

Vorbereitung:

Das Arbeitsblatt im Klassensatz kopieren. Wenn die Schüler selbst mit der Lösung vergleichen sollen, dann kann man diese vierfach kopiert bereitstellen.

Machen Sie sich mit dem Backofen in Ihrer Schulküche vertraut, um Schülerfragen sicher beantworten zu können. Kennen Sie die möglichen Funktionen und Einstellungen? Versuchen Sie, die Fragen auf dem Arbeitsblatt zu beantworten, und ziehen Sie, wenn nötig, die Bedienungsanleitung zurate.

Durchführung:

Die Kinder/Jugendlichen bekommen das Arbeitsblatt und erkunden selbstständig den Backofen in der Schulküche. Im Anschluss wird ein Lückentext bearbeitet.

Vergleichen Sie im Plenum oder halten Sie das Lösungsblatt zur Selbstkontrolle bereit.

Einfache Rezepte aus diesem Band, die sich für eine passende Praxisstunde anbieten:

Erdnusscookies S. 50, Muffins S. 82, Amerikaner S. 34, Gebackene Kürbisspalten S. 58, Gyrosauflauf S. 64, Herzhafte Blätterteigstangen S. 66, Schnelle Flammküchlein S. 97, Überbackene Spiegeleier S. 103, Wedges mit Sour Cream S. 109, Zitronenrührkuchen S. 113, Versunkener Schokoladenkuchen S. 107, Kirschtaschen/Apfeltaschen S. 76, Süße Spiegeleier S. 42, La Flute S. 80.

5 Backen wie die Profis

Inhalt:
- Arbeitsblatt (2 Seiten)
- Lösungsblatt
- Kopiervorlage (Sternsplitter)

Vorbereitung:

Bitte kopieren Sie die auf S. 9 abgebildete Schnittvorlage und das Arbeitsblatt „Backen wie die Profis" im Klassensatz. Sagen Sie rechtzeitig an, dass die Schüler in dieser Stunde Scheren und Kleber benötigen. Wenn eine vorangehende Gruppenarbeit gewünscht wird, kopieren und laminieren Sie den Stern samt Splitter weitere vier Mal und kopieren Sie eventuell das Lösungsblatt zur Selbstkontrolle.

Durchführung:

Dieses Arbeitsblatt eignet sich zur Festigung gelernter Inhalte am Ende einer Einheit, da Fachwissen vorausgesetzt wird. Die Kinder/Jugendlichen bekommen das Arbeitsblatt und die Sternsplitter und bearbeiten die Aufgaben selbstständig. Vor der Einzelarbeit kann eine Gruppenarbeit eingeschoben werden. In diesem Fall lassen Sie die erste Aufgabe zunächst als Gruppenarbeit lösen.

Im Anschluss sollte die Aufgabe im Plenum besprochen werden, da es sicherlich einigen Klärungsbedarf zu den einzelnen Lösungen gibt. Damit Sie die passenden Antworten auf alle Fragen zur Hand haben, finden Sie hier eine Erläuterung zu den einzelnen Teigen:

Hefeteig:

Hefepilze verdauen Zucker und geben dabei Kohlenstoffdioxid ab. Das Kohlenstoffdioxid sorgt für die Teiglockerung. Hefeteige brauchen Wärme und Ruhezeit, um zu gelingen. Backwaren aus Hefeteig schmecken am besten frisch, da sie an der Luft gelagert schnell hart werden (siehe Arbeitsblatt „Teiglockerung mit Hefe" S. 12).

Mürbeteig:

Bei diesem Teig findet man die Zutaten Zucker, Fett und Mehl immer im ungefähren Mengenverhältnis 1:2:3. Wichtig für guten Mürbeteig ist, dass das Fett bei der Zubereitung sehr kalt ist und schnell verarbeitet wird. Mürbeteig ist ein eher fester Teig, welcher hauptsächlich für Kekse und Tortenböden verwendet wird. Mürbeteig ist gut lagerfähig und wird erst mit der Zeit zart und „mürbe" (siehe Unterrichtshinweise zu den Mürbeteigrezepten S. 83).

Unterrichtshinweise: Theoretisches Hintergrundwissen

Rührteig:
Im Gegensatz zum Mürbeteig muss das Fett bei einem Rührteig weich sein. Fett, Zucker und Eier werden miteinander schaumig aufgeschlagen. Bei einigen Rührteigvarianten wird so viel Luft eingeschlagen, dass die Zugabe von Backpulver unnötig ist und Teiglockerung rein physikalisch stattfindet. Rührteig wird schon seit Jahrhunderten für feine Kuchen und Torten verwendet. In Zeiten ohne chemische Lockerungsmittel und ohne elektrische Hilfsgeräte verlangte ein Rührteig sehr viel Kraft und Zeit für die Zubereitung (siehe All-in-Methode S. 33).

Biskuit:
Für einen Biskuit werden Eiklar und Eigelb getrennt voneinander mit Zucker aufgeschlagen und dann vorsichtig mit Mehl vermischt. Die Lockerung findet physikalisch durch die eingeschlagene Luft statt. Dennoch wird zur Sicherheit in einigen Rezepten etwas Backpulver zugegeben.

Brandteig:
Brandteig ist ein glänzender Teig, der ohne zugefügte Backtriebmittel voluminös aufgeht. Bei der Herstellung werden Mehl und Fett erhitzt. Dabei verkleistert die Stärke im Mehl. Diesen Prozess nennt man „abbrennen". Anschließend werden Eier untergearbeitet und der Teig gebacken. Klassisch gefüllt mit Sahne werden in diesem Band Windbeutel (S. 111) aus dieser Teigsorte hergestellt.

Quark-Öl-Teig:
Ein elastischer und saftiger Knetteig aus Quark, Öl, Milch, Mehl und Eiern. Quark-Öl-Teig kann gut als Ersatz für Hefeteig z. B. bei Pizza oder Kuchenböden genommen werden. Wie Hefeteig schmeckt Quark-Öl-Teig am besten frisch (siehe Rezepte mit Quark-Öl-Teig S. 93).

Baiser:
Baiser ist eine fettfreie Masse aus Eischnee, Zucker und etwas Salz für die Festigkeit. Die Masse kann nach Wunsch eingefärbt werden. Baiser wird bei geringer Temperatur langsam im Ofen getrocknet, damit er seine helle Farbe behält.

Rezepte aus diesem Band, die sich für eine passende Praxisstunde anbieten:

Hefeteig: Apfelkuchen vom Blech S. 36, Blechpizza mit schnellem Hefeteig S. 44, Fladenbrot S. 54, Kastenbrot S. 72.

Rührteig: Versunkener Schokoladenkuchen S. 107, Amerikaner S. 34, Frischkäse-Himbeer-Muffins S. 82, Zitronenrührkuchen S. 113.

Biskuitteig: Biskuitrolle S. 41, Löffelbiskuits (Unterrichtshinweise zur Biskuitrolle) S. 40, Süße Spiegeleier S. 42.

Baiser: Unterrichtshinweise zu Zwetschgenkuchen mit Streuseln S. 114.

Brandteig: Windbeutel S. 111.

Mürbeteig: Orangenplätzchen, Vanillekipferl, Käsecracker (Mürbeteig) S. 84–85.

Quark-Öl-Teig: Quarkölteig süß und herzhaft gefüllt S. 93.

Unterrichtshinweise: Theoretisches Hintergrundwissen

Sternsplitter für das Arbeitsblatt „Backen wie die Profis"

Puzzle pieces:

- **Baiser** / o — Masse mit hohem Ei- und Fettanteil, ausschließlich für süße Teige
- **Rührteig** / t — Masse aus Eiern, Mehl und Zucker, Lockerung durch eingeschlagene Luft
- **Quark-Öl-Teig** / p — Teig und Fett in mehreren hauchdünnen Lagen übereinandergeschichtet
- **Biskuitteig** / i — schnelle Alternative zu Hefeteig
- **Brandteig** / o — Pilzorganismen verarbeiten Zucker zu Kohlenstoffdioxid.
- **Blätterteig** / n — Im ersten Schritt muss die Masse aus Mehl und Fett „losbrennen".
- **Mürbeteig** / r — fettfreie, getrocknete Masse aus Eischnee und Zucker

Denise Reinholdt: Küchenpraxis: 52 schultaugliche Backofenrezepte
© Persen Verlag

Unterrichtshinweise: Theoretisches Hintergrundwissen

6 Gruppenpuzzle: Das Weizenkorn

Inhalt:

- Expertenkarten
- Arbeitsblatt (2 Seiten)
- Lösungsblätter

Vorbereitung:

Zeitungsartikel als Themeneinstieg, wenn gewünscht, auf Folie oder Plakat bringen oder in Gruppenstärke zum Lesen bereithalten.

Gruppenstärke durch vier teilen. Rechenbeispiel: 14 Schüler : 4 = Ergebnis 3,5. Expertenkarten 14-mal kopieren und auf die Karten neben den Buchstaben die Zahlen 1–3 schreiben. Dabei sollten zwei der Zahlen einmal häufiger aufgeschrieben werden als die dritte. Auf diese Weise kann man alle Schüler unkompliziert in die Expertengruppen 1–3 einteilen.

Das Arbeitsblatt in Klassenstärke kopieren.

Durchführung:

Als Gesprächseinstieg zum Thema dient der Zeitungsartikel. Geben Sie den Artikel als Impuls an die Schülergruppe weiter und formulieren Sie daraus gemeinsam mit den Schülern Problemfragen, die in der Erarbeitung beantwortet werden sollen.

Erklären Sie den Ablauf des Gruppenpuzzles.
- In der ersten Runde findet Einzelarbeit statt. Jeder bekommt ein Expertenblatt und bearbeitet dieses alleine in einem festgelegten Zeitrahmen. Dabei muss das Blatt mehrfach gelesen werden. Beim ersten Durchlesen soll jeder die Fehlerwörter finden und beim zweiten Durchlauf müssen dann die an der rechten Seite in alphabetischer Reihenfolge angeordneten Lösungswörter zugeordnet werden. Mehrere Schüler an einem gemeinsamen Tisch sollten verschiedene Themen bearbeiten, damit nicht jetzt schon Gruppenarbeit stattfindet.
- Expertentreffen: Die Schüler mit dem gleichen Buchstaben auf der Karte setzen sich zusammen und vergleichen ihre Lösung. Es besprechen sich also vier Gruppen, in denen alle Schüler das gleiche Thema bearbeitet haben. Wenn nötig, geben Sie in dieser Runde das Lösungsblatt in die Gruppe.
- Gruppenpuzzle: Nun setzen sich alle Schüler, die die gleiche Zahl auf ihrer Karte haben, zusammen und berichten sich gegenseitig über ihr Expertenthema. Nachdem diese Gesprächsrunde stattgefunden hat, wird das Arbeitsblatt in die Gruppe gegeben und gemeinsam gelöst.
- Anschließend wird entweder das Lösungsblatt in die Gruppen gegeben oder das Ergebnis im Plenum verglichen.

Wenn man die Expertenrunde vereinfachen will, kann man die Fehlerworte auf dem Ausdruck mit Tipp-Ex entfernen oder das Arbeitsblatt im Wordformat (auf CD) bearbeiten und den Text als Lückentext nutzen oder aber die Lösungswörter in der richtigen Reihenfolge durchnummerieren.

7 Getreidedomino

Inhalt:

- Getreidedomino (zum Ausschneiden)
- Lösungsblatt

Vorbereitung:

Das Domino in Klassenstärke kopieren. Blankoblätter zum Aufkleben sowie Scheren und Kleber müssen bereitgehalten oder von den Schülern mitgebracht werden. Wenn Sie Selbstkontrolle wünschen, dann sollte das Lösungsblatt mehrfach kopiert und eventuell laminiert bereitgestellt werden.

Durchführung:

Das Domino baut auf dem Wissen aus dem Gruppenpuzzle zum Weizenkorn auf. Darüber hinaus sind einige leichte Fragen zu anderen Getreidesorten enthalten. Idealerweise geht dem Domino eine Internetrecherche oder Referatsrunde zu weiteren Getreidesorten voraus. Folgende Getreide sind erwähnt und könnten in Referaten vorher bearbeitet werden: Roggen, Gerste, Hafer, Mais, Hirse, Reis, Dinkel.

Es ist jedoch durch die Anordnung mit Fragen aus der Getreidestunde möglich, das Domino auch ohne weiteres Wissen über andere Getreide zu lösen und es dadurch nicht zur Festigung, sondern zum Erkenntnisgewinn zu nutzen.

Teiglockerung mit Backpulver

Name: _____   Datum: _____

Backpulver – Das Wundermittel aus dem Labor

Backpulver ist noch nicht so lange in Küchen in Verwendung wie Hefe. Backpulver ist eher der Nachfolger der Hefe. Man suchte eine Möglichkeit, Teige schneller zu lockern als mit Hefe. Hefeteige brauchen viel Zeit und gelingen auch nicht immer. Mitte des 19. Jahrhunderts wurde begonnen, Backpulver zu produzieren und dieses an Bäckereien zu vermarkten. Seit Beginn des 20. Jahrhunderts wird Backpulver in kleinen Portionen an Privathaushalte verkauft und ist aus der heutigen Küche nicht mehr wegzudenken. Der Geschmack und die Konsistenz von Hefeteig und Backpulverteig unterscheiden sich jedoch stark, daher werden beide Methoden der Teiglockerung weiterhin genutzt.

Was ist Backpulver und was macht es?

1 Lies die Zutaten auf einer Packung durch. Wie lautet der chemische Name für das enthaltene Backtriebmittel?

_____

Bei der Verwendung von Backpulver macht man sich tatsächlich eine chemische Reaktion zunutze. Diese Reaktion wollen wir uns in einem Experiment ansehen:

> **Ihr benötigt:**
> eine kleine Plastikflasche, heißes Wasser, einen Luftballon, einen Beutel Backpulver

Füllt vorsichtig das Backpulver in den Luftballon.	In die Plastikflasche kommen zwei Fingerbreit heißes Wasser.	Nun stülpe vorsichtig die Luftballonöffnung über den Flaschenhals. Achte darauf, dass der Ballon weiterhin nach unten hängt und das Backpulver nicht in die Flasche fällt.

2 Erst wenn der Ballon gut befestigt ist, wird das enthaltene Backpulver in die Flasche geschüttet. Was passiert?

_____

3 Erkläre, was passiert und wie wir diesen Effekt beim Backen nutzen.

_____

_____

_____

Teiglockerung mit Hefe

Name: _____ Datum: _____

Hefe wird schon seit mehreren Tausend Jahren zur Lockerung von Gebäcken verwendet, bereits im antiken Ägypten 3000 vor Christus gibt es Aufzeichnungen darüber. Doch bis heute gibt es viele Leute, die sich an Hefeteig nicht herantrauen und sagen, dass er ihnen nicht gelingt. Woran liegt das? Hefe ist nicht irgendeine Chemikalie, sondern ein Pilz und somit ein Lebewesen. Der Hefepilz verdaut den Zucker und das Mehl im Teig und gibt dabei Kohlenstoffdioxid ab. Dieses Gas lässt den Teig aufgehen. Damit die Hefe das aber tun kann, muss sie richtig behandelt werden. Genau das werden wir jetzt tun!

Schritt 1: Die Hefe wird geweckt

Gebt einen halben Würfel Hefe auf einen kleinen Teller und streut 1 TL Zucker darüber. Nun zerdrückt ihr das Ganze mit einer Gabel, bis ihr seht, dass die Hefe sich verändert. Nicht aufgeben, wechselt euch ab!

Schritt 2: Wellness für Hefepilze

Füllt 125 ml warmes Wasser in einen Messbecher und löst darin die Hefe-Zucker-Mischung auf. Achtung, zu heißes Wasser tötet die Hefe! Rührt nun mit einer Gabel 50 g Mehl ein. Jetzt braucht das Gemisch eine kleine Ruhephase und bleibt 10 Minuten stehen. Die Hefe mag es kuschelig warm und wird daher mit ihrer Arbeit beginnen.
Nutzt die Wartezeit, um die weiteren Zutaten abzuwiegen und Geräte bereitzustellen.

Weitere Zutaten:
- 40 g Zucker
- 200 g Mehl
- 1 Prise Salz
- 30 g geschmolzene Butter
- 50 g Schokoladenraspel

Geräte: Rührschüssel, Handrührgerät mit Knethaken, Backblech mit Backpapier

Schritt 3: Zusammen, was zusammen gehört

Gebt das restliche Mehl, den restlichen Zucker, die Butter und die Prise Salz in eine Rührschüssel. Gießt euren kompletten Hefe-Vorteig dazu und knetet alles mit dem Handrührgerät mit Knethaken kräftig durch, bis sich ein schöner, glatter Hefeteig gebildet hat. Jetzt werden noch schnell die Schokoraspel untergeknetet. Teilt den Teig in vier gleichmäßige Stücke auf. Jeder kann sich nun von Hand sein rundes Brötchen formen. Die fertig geformten Brötchen weitere 10 Minuten auf dem Backblech ruhen lassen. Schiebt nun das Blech in den kalten Backofen und stellt diesen auf 170 °C Umluft. Nach 25 Minuten sind die Brötchen fertig.

Guten Appetit!

Teiglockerung mit Hefe

Name: _____ Datum: _____

Hefe – Dein Freund und Helfer

1 **Was ist Hefe und was macht sie?**
_____
_____
_____

2 **Wie alt sind die ältesten Aufzeichnungen über Hefe in Backwaren? Kreuze an.**
- ☐ über 600 Jahre
- ☐ knapp 80 Jahre
- ☐ über 5000 Jahre

3 **Was passiert, wenn man Frischhefe mit Zucker verknetet?**
_____
_____
_____

4 **Der Vorteig**

a) Wie viel ml/ccm Vorteig habt ihr im Messbecher, direkt nachdem ihr das Mehl eingerührt habt?
_____

b) Was passiert in den zehn Minuten Wartezeit?
_____
_____
_____

c) Wie viel ml/ccm kann man nun ablesen?
_____

5 **Was ist es also, das für die Lockerung von Hefeteigen sorgt? Kreuze an.**
- ☐ Die Hefepilze werden rasant mehr und darum steigt das Volumen.
- ☐ Das Mehl wird in viele kleine Stückchen gespalten und darum steigt das Volumen.
- ☐ Die Hefe verdaut Mehl und Zucker und gibt dabei ein Gas ab. Darum steigt das Volumen.

Teiglockerung mit Hefe

6 **Ergänze den Lückentext.**

> Hitze – kälter – länger – Mehl – Nahrung – Ruhe – Wärme – Zeit – Zucker

Grundregeln für die Arbeit mit Hefe

① Hefe braucht _____. Sie kann nur arbeiten, wenn sie _____

oder _____ verarbeiten kann.

② Hefe braucht _____. Zu große _____ tötet sie allerdings.

Flüssigkeiten, die sich für deinen Finger heiß anfühlen, sind zu heiß!

③ Hefe braucht _____ und _____. Je _____

die Zutaten und der Ort zum Gehen, desto _____ braucht Hefe für ein gutes

Ergebnis.

7 **Ergänze das Rezept für die Schokobrötchen.**

Schokobrötchen:

Zutaten: _____

_____

_____

_____

Zubereitung: _____

_____

_____

_____

_____

_____

_____

Physikalische Teiglockerung

Name: _____ Datum: _____

In einigen Rezepten wird weder Backpulver noch Hefe verwendet und dennoch erhält man am Ende ein lockeres und voluminöses Gebäck. Wie geht das?

Machen wir einen Versuch!

> **Ihr benötigt:**
> eine kleine, eiskalte Plastikflasche, einen kleinen Topf, heißes Wasser, einen Luftballon

Deine Flasche muss sehr kalt sein, damit unser Experiment gelingt!

Fülle einen kleinen Topf zur Hälfte mit heißem Leitungswasser. Nimm den Deckel von der Plastikflasche und stülpe den Luftballon über die Flasche. Nun wird die Flasche in den Topf mit dem heißen Wasser gestellt.

1 Erkläre, was bei diesem Versuch passiert.

_____
_____
_____
_____
_____

2 Dieser Effekt kann bei folgenden Teigarten genutzt werden:

_____
_____

Eine weitere Variante der physikalischen Teiglockerung basiert nicht auf Luft, sondern auf dem im Teig vorhandenen Wasser.

3 Kannst du dir vorstellen, was mit dem Wasser im Teig im Backofen passiert und wie das zur Teiglockerung führt?

_____
_____
_____
_____

4 Das passiert bei folgenden Teigarten:

_____
_____

Der Backofen

Name: _____   Datum: _____

Alles Einstellungssache

Du kannst am Backofen mindestens zwei Dinge einstellen: die Temperatur und die Funktionsart.

1 Gehe zum Backofen in die Schulküche und fülle aus:

Die niedrigste Temperatur, die ich am Temperaturwähler einstellen kann, ist _____ °C.	Am Funktionswähler kann ich als erste Funktion nur das Licht einschalten, ohne dass der Backofen sich aufheizt. Das Zeichen, welches ich dazu anwählen muss, sieht so aus:
Ich kann die Funktion Ober- und Unterhitze auswählen. Dann beginnen sich die Heizspiralen oben und unten im Backofen aufzuheizen. Das Zeichen dazu sieht so aus:	Die höchste Temperatur, die ich am Temperaturwähler einstellen kann, ist _____ °C.
Unser Backofen hat eine einstellbare Uhr: ☐ Ja ☐ Nein	Ich kann die Funktion Umluft auswählen. Dann dreht sich an der Backofenrückwand ein Ventilator und verteilt die heiße Luft gleichmäßig im Backofen. Das Zeichen sieht so aus:

2 Zeichne zwei weitere Symbole eures Backofens ab und finde heraus, was sie bedeuten:

Der Backofen

3 **Ergänze den Lückentext.**

> Abstand – Einschubhöhen – flaches – gleichmäßiger – gleichzeitig – hohes – Innenraum – Ober- und Unterhitze – Oberseite – Seiten – Temperatur – Umluft – Unterseite – Vorheizen – Wärme – Wärmequelle

Backofenfunktionen richtig nutzen

Wenn der Backofen in der Funktionsart _____ läuft,

strahlt der Backofen, wie der Name schon sagt, von oben und unten _____ aus.

Durch die verschiedenen _____ kann man den _____

der Backwaren zur _____ wählen. Wird ein _____

Gebäck, wie beispielsweise ein Gugelhupf, zu hoch eingeschoben, dann bekommt die

_____ zu viel Hitze und wird zu dunkel. Wird ein _____

Gebäck, wie zum Beispiel Blechkuchen, zu tief eingeschoben, dann bekommt die

_____ zu viel Hitze und wird zu dunkel. Wenn man mehrere Bleche

_____ einschieben will, dann eignet sich die Funktionsart _____

deutlich besser. Die Luft wird im _____ verteilt und gelangt von allen

_____ an die Backwaren. Dadurch, dass die Luft so gut verteilt wird, kann man die

_____ um 20 °C senken. Auch _____ ist nicht dringend

notwendig, da der Backofeninnenraum schneller und _____ warm wird.

Backen wie die Profis

Name: _____ Datum: _____

1. Setze die Puzzleteile richtig zusammen. Klebe nichts fest, bevor du dir nicht sicher bist, dass die Reihenfolge stimmt! Wenn alle Teile richtig liegen, bekommst du als Lösungswort einen anderen Namen für den „Zuckerbäcker".

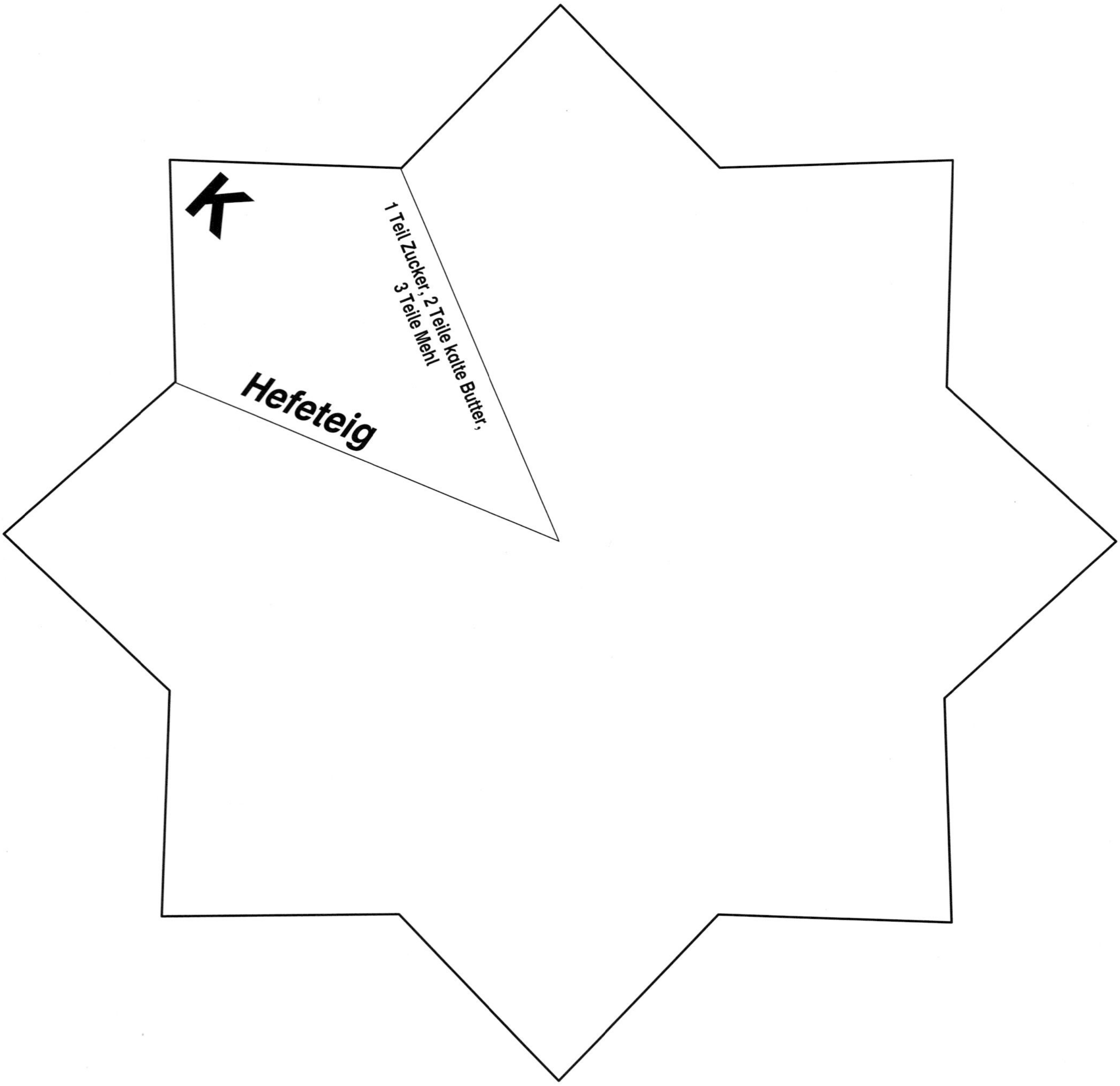

K

1 Teil Zucker, 2 Teile kalte Butter, 3 Teile Mehl

Hefeteig

2. **Beschrifte die sechs Küchengeräte!**

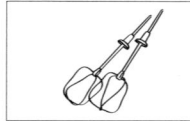    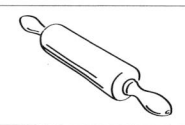 

_____ _____ _____ _____ _____ _____

Unfassbar! Die Lüge um das weiße Mehl

Enthüllungsreporter decken auf:
Seit Jahrzehnten Mehl aus halben Körnern im Handel!

Sonntag, 1. April 2017

BILD

EINZIGARTIG EIGENARTIG

Seit Jahrzehnten wird den Verbrauchern Mehl aus halben Körnern verkauft! Obwohl bekannt ist, dass Vollkornprodukte gesünder sind, wird weiterhin hauptsächlich weißes Mehl verkauft und in der Backindustrie verarbeitet. Während die unwissenden Verbraucher mit weißem Mehl gemästet werden, erhöht die Industrie ihren Umsatz durch die Weiterverarbeitung der hochwertigen „Abfallprodukte"! Weizenkeime werden aus dem Weizenkorn entfernt und zu Weizenkeimöl verarbeitet. Auch die vitamin- und ballaststoffreichen Randschichten werden komplett entfernt und separat als Weizenkleie verkauft. Das hauptsächlich im Handel angebotene 405er-Weizenmehl enthält nichts mehr von seinen hochwertigen Schalenbestandteilen. Unverschämt, es ist sogar üblich, Brote mit brauner Malzpaste anzufärben, um den Verbrauchern hochwertiges Vollkornbrot vorzugaukeln! Jahrzehntelang wurde das strahlend weiße Auszugsmehl als besonders hochwertig geschätzt und gerne gekauft, doch jetzt findet ein Wandel statt. Immer mehr Verbraucher wehren sich gegen weißes Mehl und seine dicken Folgen. Sind auch Sie auf der Suche nach Informationen, um auf diese Tricks nicht länger hereinzufallen? Lesen Sie jetzt und hier, wie Sie sich schützen können!

Das Weizenkorn

Name: _____ Datum: _____ **Expertenkarte**

A Der Fehlerteufel war da und hat ganze Wörter ausgetauscht. Nun steht hier ein ziemlicher Unsinn. Finde die Fehler und verbinde mit Pfeilen die richtigen Wörter!

Wie ist das Weizenkorn aufgebaut?

Bei der Getreideernte wird das Getreide gedroschen. Dabei lösen sich die Halme und die Spelzen und es bleibt das Radio zurück. Im Inneren des Weizenkorns finden wir den großen Mehlkörper. Der Mehlkörper besteht aus großen Socken, in die Stärkekörner eingelagert sind. Außerdem ist er reich an Klebereiweiß. Er wird von der Aleuronschicht umschlossen, welche aus besonders hübschen Zellen besteht. Chef der Aleuronschicht sind Eiweiß und Zellulose, außerdem Fette, Vitamine und Mineralstoffe. Der Keimling ist sehr reich an Fett, Eiweiß, Schokolade und Mineralstoffen. Umgeben wird das Korn von den Randschichten, dabei ist ganz außen die Fruchtschale und darunter die Samenschale. Die Jahreskarte und die Samenschale sind sehr reich an Mineralstoffen, Ballaststoffen, Vitaminen und Eiweiß. Außerdem enthalten die Randschichten Limonade. Je mehr Randschichten im Mehl enthalten sind, desto dunkler ist ein Mehl! Helles Fahrrad mit der Typenzahl 405 enthält nur den Mehlkörper. Bei Vollkornmehlen werden auch der Keimling, die Aleuronschicht und die Randschichten mit verhaftet.

dickwandigen

Farbstoffe

Fruchtschale

Hauptbestandteile

Korn

vermahlen

Vitaminen

Weizenmehl

Zellen

Name: _____ Datum: _____ **Expertenkarte**

B Der Fehlerteufel war da und hat ganze Wörter ausgetauscht. Nun steht hier ein ziemlicher Unsinn. Finde die Fehler und verbinde mit Pfeilen die richtigen Wörter!

Man sagt, von Vollkornbrot bleibt man länger satt als von Weißbrot. Woran liegt das?

Anders als in Weißmehl sind in Hausschuh viele Ballaststoffe enthalten. Ballaststoffe sind Pflanzenteile, die von unserem Nachbarn nicht verdaut werden können. Die Konfettis quellen jedoch im Magen auf und geben einem dadurch ein lang anhaltendes Gefühl der Sättigung. Man bekommt nicht so schnell wieder Hunger. Noch ein guter Effekt von Ballaststoffen ist, dass sie im Waschbecken eine Reibung auslösen. Diese Reibung reinigt die Darmwände und regt die Darmbewegungen an. Dadurch schützt man sich vor Sonnenbrand oder auch Darmerkrankungen wie Darmkrebs. Da Ballaststoffe die Schule etwas „härter" machen, muss man gründlich kauen. Dieses Kauen regt den Speichelfluss an. Hüpfen führt zum einen zu einer besseren Verdauung, zum anderen reinigt der Speichel die Hände und schützt vor Karies!

Ballaststoffe sind in Weißmehl (Auszugsmehl) fast nicht enthalten, weil die äußeren Randschichten beim Jonglieren abgeschliffen und ausgesiebt werden. In Weißbrot ist nur Weißmehl enthalten, die sättigenden Ballaststoffe wurden abgetrennt. Daher macht Vollkornbrot aus Vollkornmehl länger satt.

Ballaststoffe

Darm

Körper

Mahlvorgang

Nahrung

Speichelfluss

Verstopfungen

Vollkornmehl

Zähne

Das Weizenkorn

Name: _____ Datum: _____ **Expertenkarte**

C Der Fehlerteufel war da und hat ganze Wörter ausgetauscht. Nun steht hier ein ziemlicher Unsinn. Finde die Fehler und verbinde mit Pfeilen die richtigen Wörter!

Wie unterscheide ich die unterschiedlichen Mehle?

Es gibt verschiedene Gummibälle zu kaufen. Zum einen unterscheidet man danach, aus welchem Getränk das Mehl hergestellt wurde, zum anderen nach der Typenzahl. Die Adresse gibt den sogenannten Ausmahlungsgrad an und wird so bestimmt: 100 g Mehl werden im Labor verbrannt und die übrig gebliebene Jauche gewogen. Die Asche besteht aus Mineralstoffen, welche nicht verbrennen. Wenn 100 g Kokosnuss, also das meistgebrauchte helle Weizenmehl, verbrannt werden, dann bleiben 405 mg Sahne übrig. Helles Weizenmehl nennt man darum Weizenmehl Typ 405. Wenn Weizenvollkornmehl verbrannt wird, dann bleiben 1700 mg zurück, es trägt also die Typenzahl 1700. Doch warum bleiben so viel mehr liebliche Mineralstoffe zurück? In den Randschichten sind mehr Mineralstoffe enthalten als im Hochhaus.

Da man also weiß, dass ein Mehl mit hoher Typenzahl viele Randstoffe enthält, kann man schlussfolgern, dass ein Mehl mit einer hohen Typenzahl auch reich an Möhren ist.

- Asche
- Auszugsmehl
- Ballaststoffen
- Getreide
- Mehlkörper
- Mehlsorten
- Mineralstoffe
- Typenzahl
- unverbrennbare

Name: _____ Datum: _____ **Expertenkarte**

D Der Fehlerteufel war da und hat ganze Wörter ausgetauscht. Nun steht hier ein ziemlicher Unsinn. Finde die Fehler und verbinde mit Pfeilen die richtigen Wörter!

Das meistverkaufte Mehl ist Weißmehl mit der Typenzahl 405. Dieses Mehl ist beliebt, aber ist es auch gut?

Noch vor wenigen Jahrhunderten kaufte man sein Mehl nicht im Supermarkt, sondern beim Zahnarzt oder man musste es selbst mahlen. Dabei wurde alles vom Getreide verwendet. Lebensmittel waren knapp, nichts wurde weggeworfen. Nur wer reich war, konnte sich leisten, das Mehl zu streicheln und mit hellem Mehl zu backen. Aus diesem Grund gilt bis heute Weißmehl als das „gute" Mehl. Aber ist es auch so gut?

Im Handel finden wir „Weizenkleie". Diese isst man als Steine zusätzlich zur normalen Nahrung oder man kann sogar Weizenkleietabletten kaufen. Weizenkleie ist reich an Ballaststoffen, wirkt daher sättigend und hilft Menschen mit Verdauungsproblemen. Weizenkleie enthält zudem viele Süßigkeiten und Vitamine. Ebenfalls ein sehr gesundes Produkt ist Weizenkeimöl. Es ist eines der teuersten Autos, da Weizenkörner nur sehr kleine Keimlinge enthalten und sehr viel Weizen zur Herstellung benötigt wird. Weizenkeimöl gilt als sehr gesund und vitaminreich.

Doch was sind Weizenkleie und Weizenkeimöl? Weizenkleie ist nichts anderes als die abgetrennten Fingernägel samt Keimling, die beim Ausmahlen von Weizenkörnern zu Auszugsmehl abgelöst werden. Teilweise wird der Weizenkeimling beim Feiern vom Auszugsmehl separiert und daraus wird das teure Weizenkeimöl gepresst. Doch das ist nicht bei jedem Mehl so! Wenn ich Paprikachips verwende, dann esse ich die Weizenkleie und den Weizenkeimling mit und kann es mir sparen, die teuren Zusatzlebensmittel zu kaufen! Daher nun die Antwort: Nein, Auszugsmehl ist nicht gut! Es ist topmodern, arm an Ballaststoffen und enthält nicht das hochwertige Weizenkeimöl.

- Flocken
- Mahlen
- Mineralstoffe
- Müller
- Pflanzenöle
- Randschichten
- sieben
- vitaminarm
- Vollkornmehl

Denise Reinholdt: Küchenpraxis: 52 schultaugliche Backofenrezepte
© Persen Verlag

Das Weizenkorn

Name: _____ Datum: _____

1 **Beschrifte den Aufbau des Weizenkorns!**

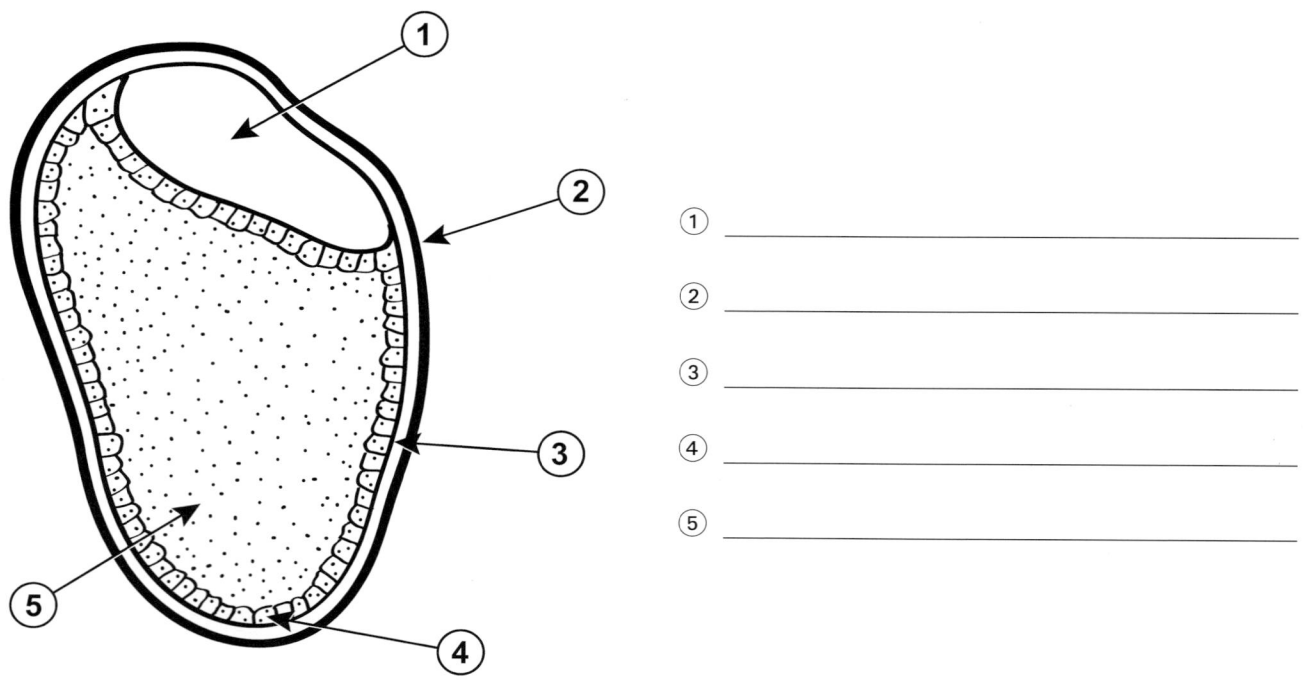

① _____

② _____

③ _____

④ _____

⑤ _____

2 **Ihr seid die Weizenexperten! Beantwortet die Fragen zum Weizenkorn!**

a) Wo sind die meisten Ballaststoffe enthalten?

_____

b) Welche Teile des Korns enthält helles Weizenmehl mit der Typenzahl 405 (Auszugsmehl)?

_____

_____

c) Welche Teile enthält Vollkornmehl?

_____

_____

_____

d) Warum hat Vollkornmehl eine dunklere Farbe als Auszugsmehl?

_____

_____

_____

Das Weizenkorn

e) Dunkles Weizenmehl hat die Typenzahl 1050, Vollkornmehl die Typenzahl 1700. Was bedeutet das?

_____
_____
_____

f) Woher kommt der hohe Anteil an Mineralstoffen im Vollkornmehl?

_____
_____
_____

g) Eine Ernährung ohne Vollkornmehl gilt als ein Auslöser für Übergewicht. Dieses hängt mit dem Gehalt an Ballaststoffen zusammen. Kannst du erklären, warum ballaststoffarme Ernährung dick machen kann?

_____
_____
_____
_____

h) Was ist Weizenkleie?

_____
_____
_____

i) Was ist Weizenkeimöl?

_____
_____
_____

j) Welches Mehl ist besser für die Gesundheit? Erkläre!

_____
_____
_____

Getreidedomino

Schneide die Kärtchen an den gestrichelten Linien aus und bringe sie in die richtige Reihenfolge!

Getreidedomino Lege die passenden Dominokarten aneinander! **Start!**	Welches ist weltweit die wichtigste Nutzpflanze?	**Typenzahl**	Diese unverdaulichen Bestandteile im Vollkornmehl schützen vor Erkrankungen und machen richtig satt:
Roggen	Dieses Getreide wird häufig einfach nur gequetscht verzehrt. Es ist immer ein Vollkornprodukt:	**Keimling**	Wie heißen die Schichten, in denen die meisten Ballaststoffe enthalten sind?
Mehlkörper	Welches Getreide braucht man zum Bierbrauen?	**Ballaststoffe**	**Ende!** **Gut gemacht!**
Aleuronschicht	Wie heißt der Wert, der angibt, wie viel Mineralstoffe in 100 g Mehl enthalten sind?	**Gerste**	Wie heißt der kleine Teil des Korns, welcher hauptsächlich aus Fett besteht?
Hafer	Auch diese Lebensmittel zählen wie der Weizen zum Getreide:	**Frucht- und Samenschale**	Welches Getreide wird in kräftig schmeckenden, dunklen Sauerteigbroten verwendet?
Reis Hirse Mais Dinkel	Diese Schicht grenzt direkt an den Mehlkörper:	**Weizen**	In welchem Teil des Getreidekorns ist die Stärke enthalten?

Lösungen/Schülermaterial

Teiglockerung mit Backpulver

[1] Der chemische Name für das Backtriebmittel lautet Natriumhydrogencarbonat.

[2] Das Gemisch schäumt auf und der Ballon bläht sich auf.

[3] Bei der chemischen Reaktion wird ein Gas freigesetzt. Dieses Gas heißt Kohlenstoffdioxid. Wie im Versuch dehnt sich das Gas aus. Jedoch wird nicht ein Luftballon aufgeblasen, sondern der Teig steigt mit dem Gas empor. Dadurch ist unser Gebäck am Ende der Backzeit schön locker und luftig.

Hefe – Dein Freund und Helfer

[1] Hefe ist ein Pilz. Die Hefe verdaut den Zucker im Teig und gibt Kohlenstoffdioxid ab.

[2] ☐ über 600 Jahre
☐ knapp 80 Jahre
☒ über 5000 Jahre

[3] Die Hefe wird flüssig und beginnt zu arbeiten.

[4] a) ca. 200 ml
b) Der Vorteig geht stark auf.
c) ca. 400 ml

[5] ☐ Die Hefepilze werden rasant mehr und darum steigt das Volumen.
☐ Das Mehl wird in viele kleine Stückchen gespalten und darum steigt das Volumen.
☒ Die Hefe verdaut Mehl und Zucker und gibt dabei ein Gas ab. Darum steigt das Volumen.

[6] Grundregeln für die Arbeit mit Hefe

① Hefe braucht **Nahrung**. Sie kann nur arbeiten, wenn sie **Zucker** oder **Mehl** verarbeiten kann.

② Hefe braucht **Wärme**. Zu große **Hitze** tötet sie allerdings. Flüssigkeiten, die sich für deinen Finger heiß anfühlen, sind zu heiß!

③ Hefe braucht **Zeit** und **Ruhe**. Je **kälter** die Zutaten und der Ort zum Gehen, desto **länger** braucht Hefe für ein gutes Ergebnis.

[7] **Schokobrötchen:**

Zutaten: ½ Würfel Frischhefe, 40 g + 1 TL Zucker, 250 g Mehl, 125 ml warmes Wasser, 30 g Butter, 50 g Schokoraspel

Zubereitung: Hefe und Zucker mit einer Gabel verkneten. Dann das Gemisch im warmen Wasser auflösen und 50 g Mehl einrühren. Diesen Vorteig 10 Minuten gehen lassen. Dann restlichen Zucker, restliches Mehl und die geschmolzene Butter einkneten. Zuletzt die Schokoraspel unterkneten. Aus dem Teig vier Brötchen formen. Diese Brötchen weitere 10 Minuten auf dem Blech ruhen lassen. Ohne Vorheizen für 25 Minuten bei 170 °C Umluft backen.

Physikalische Teiglockerung

[1] Die Luft im Luftballon ist sehr kalt. Im Wasserbad wird die Luft erwärmt. Erwärmte Luft dehnt sich aus. Da die Luft nicht entweichen kann, strömt sie in den Luftballon und bläht ihn auf.

[2] Biskuit, Baiser; alle Teige, in die geschlagenes Eiweiß eingearbeitet wird

Lösungen/Schülermaterial

[3] Das Wasser verdampft im heißen Backofen. Der dabei austretende Wasserdampf sorgt dafür, dass der Teig sich aufbläht und gelockert wird.

[4] Blätterteig, Mürbeteig, Brandteig

Der Backofen

Alles Einstellungssache

[1]

Die niedrigste Temperatur, die ich am Temperaturwähler einstellen kann, ist **_(individuell)_** °C.	Am Funktionswähler kann ich als erste Funktion nur das Licht einschalten, ohne dass der Backofen sich aufheizt. Das Zeichen, welches ich dazu anwählen muss, sieht so aus: 
Ich kann die Funktion Ober- und Unterhitze auswählen. Dann beginnen sich die Heizspiralen oben und unten im Backofen aufzuheizen. Das Zeichen dazu sieht so aus: 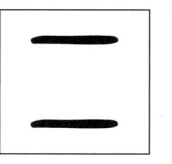	Die höchste Temperatur, die ich am Temperaturwähler einstellen kann, ist **_(individuell)_** °C.
Unser Backofen hat eine einstellbare Uhr: ☐ Ja **_(individuell)_** ☐ Nein	Ich kann die Funktion Umluft auswählen. Dann dreht sich an der Backofenrückwand ein Ventilator und verteilt die heiße Luft gleichmäßig im Backofen. Das Zeichen sieht so aus: 

[2] *individuelle Antwortmöglichkeiten*

[3] Backofenfunktionen richtig nutzen

Wenn der Backofen in der Funktionsart **Ober- und Unterhitze** läuft, strahlt der Backofen, wie der Name schon sagt, von oben und unten **Wärme** aus. Durch die verschiedenen **Einschubhöhen** kann man den **Abstand** der Backwaren zur **Wärmequelle** wählen. Wird ein **hohes** Gebäck, wie beispielsweise ein Gugelhupf, zu hoch eingeschoben, dann bekommt die **Oberseite** zu viel Hitze und wird zu dunkel. Wird ein **flaches** Gebäck, wie zum Beispiel Blechkuchen, zu tief eingeschoben, dann bekommt die **Unterseite** zu viel Hitze und wird zu dunkel. Wenn man mehrere Bleche **gleichzeitig** einschieben will, dann eignet sich die Funktionsart **Umluft** deutlich besser. Die Luft wird im **Innenraum** verteilt und gelangt von allen **Seiten** an die Backwaren. Dadurch, dass die Luft so gut verteilt wird, kann man die **Temperatur** um 20 °C senken. Auch **Vorheizen** ist nicht dringend notwendig, da der Backofeninnenraum schneller und **gleichmäßiger** warm wird.

Lösungen/Schülermaterial

Backen wie die Profis

1

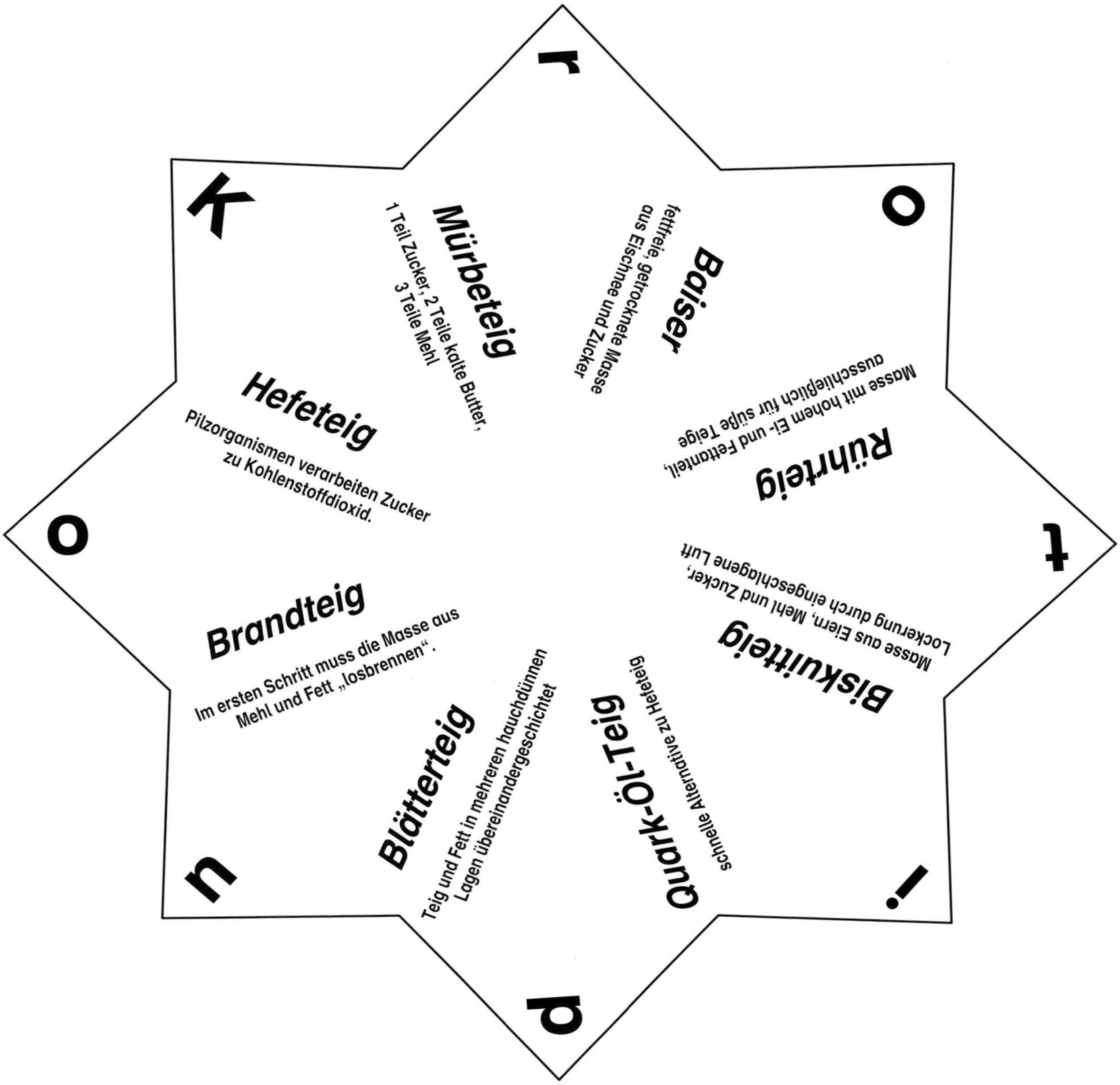

Stern mit Buchstaben an den Spitzen (K, r, o, t, !, p, n, o) und Teigarten in den Feldern:

- **Mürbeteig**: 1 Teil Zucker, 2 Teile kalte Butter, 3 Teile Mehl
- **Baiser**: fettfreie, getrocknete Masse aus Eischnee und Zucker
- **Rührteig**: Masse mit hohem Ei- und Fettanteil, ausschließlich für süße Teige
- **Biskuitteig**: Masse aus Eiern, Mehl und Zucker, Lockerung durch eingeschlagene Luft
- **Quark-Öl-Teig**: schnelle Alternative zu Hefeteig
- **Blätterteig**: Teig und Fett in mehreren hauchdünnen Lagen übereinandergeschichtet
- **Brandteig**: Im ersten Schritt muss die Masse aus Mehl und Fett „losbrennen".
- **Hefeteig**: Pilzorganismen verarbeiten Zucker zu Kohlenstoffdioxid.

2

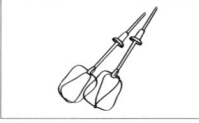   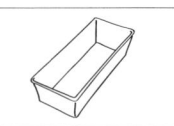 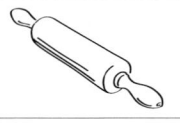 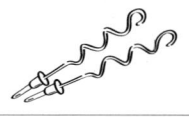

Rührbesen — Springform — Teigschaber — Kastenform — Nudelholz — Knethaken

Das Weizenkorn

A *Wie ist das Weizenkorn aufgebaut?*
Bei der Getreideernte wird das Getreide gedroschen. Dabei lösen sich die Halme und die Spelzen und es bleibt das **Korn** zurück. Im Inneren des Weizenkorns finden wir den großen Mehlkörper. Der Mehlkörper besteht aus großen **Zellen**, in die Stärkekörner eingelagert sind. Außerdem ist er reich an Klebereiweiß. Er wird von der Aleuronschicht umschlossen, welche aus besonders **dickwandigen** Zellen besteht. **Hauptbestandteile** der Aleuronschicht sind Eiweiß und Zellulose, außerdem Fette, Vitamine und Mineralstoffe. Der Keimling ist sehr reich an Fett, Eiweiß, **Vitaminen** und Mineralstoffen. Umgeben wird das Korn von den Randschichten, dabei ist ganz außen die Fruchtschale und darunter die Samenschale. Die **Fruchtschale** und die Samenschale sind sehr reich an Mineralstoffen, Ballaststoffen, Vitaminen und Eiweiß. Außerdem enthalten die Randschichten **Farbstoffe**. Je mehr Randschichten im Mehl enthalten sind, desto dunkler ist ein Mehl! Helles **Weizenmehl** mit der Typenzahl 405 enthält nur den Mehlkörper. Bei Vollkornmehlen werden auch der Keimling, die Aleuronschicht und die Randschichten mit **vermahlen**.

B *Man sagt, von Vollkornbrot bleibt man länger satt als von Weißbrot. Woran liegt das?*
Anders als in Weißmehl sind in **Vollkornmehl** viele Ballaststoffe enthalten. Ballaststoffe sind Pflanzenteile, die von unserem **Körper** nicht verdaut werden können. Die **Ballaststoffe** quellen jedoch im Magen auf und geben einem dadurch ein lang anhaltendes Gefühl der Sättigung. Man bekommt nicht so schnell wieder Hunger. Noch ein guter Effekt von Ballaststoffen ist, dass sie im **Darm** eine Reibung auslösen. Diese Reibung reinigt die Darmwände und regt die Darmbewegungen an. Dadurch schützt man sich vor **Verstopfungen** oder auch Darmerkrankungen wie Darmkrebs. Da Ballaststoffe die **Nahrung** etwas „härter" machen, muss man gründlich kauen. Dieses Kauen regt den Speichelfluss an. **Speichelfluss** führt zum einen zu einer besseren Verdauung, zum anderen reinigt der Speichel die **Zähne** und schützt vor Karies! Ballaststoffe sind in Weißmehl (Auszugsmehl) fast nicht enthalten, weil die äußeren Randschichten beim **Mahlvorgang** abgeschliffen und ausgesiebt werden. In Weißbrot ist nur Weißmehl enthalten, die sättigenden Ballaststoffe wurden abgetrennt. Daher macht Vollkornbrot aus Vollkornmehl länger satt.

C *Wie unterscheide ich die unterschiedlichen Mehle?*
Es gibt verschiedene **Mehlsorten** zu kaufen. Zum einen unterscheidet man danach, aus welchem **Getreide** das Mehl hergestellt wurde, zum anderen nach der Typenzahl. Die **Typenzahl** gibt den sogenannten Ausmahlungsgrad an und wird so bestimmt: 100 g Mehl werden im Labor verbrannt und die übrig gebliebene **Asche** gewogen. Die Asche besteht aus Mineralstoffen, welche nicht verbrennen. Wenn 100 g **Auszugsmehl**, also das meistgebrauchte helle Weizenmehl, verbrannt werden, dann bleiben 405 mg **Mineralstoffe** übrig. Helles Weizenmehl nennt man darum Weizenmehl Typ 405. Wenn Weizenvollkornmehl verbrannt wird, dann bleiben 1700 mg zurück, es trägt also die Typenzahl 1700. Doch warum bleiben so viel mehr **unverbrennbare** Mineralstoffe zurück? In den Randschichten sind mehr Mineralstoffe enthalten als im **Mehlkörper**. Da man also weiß, dass ein Mehl mit hoher Typenzahl viele Randstoffe enthält, kann man schlussfolgern, dass ein Mehl mit einer hohen Typenzahl auch reich an **Ballaststoffen** ist.

D *Das meistverkaufte Mehl ist Weißmehl mit der Typenzahl 405. Dieses Mehl ist beliebt, aber ist es auch gut?*
Noch vor wenigen Jahrhunderten kaufte man sein Mehl nicht im Supermarkt, sondern beim **Müller** oder musste es selbst mahlen. Dabei wurde alles vom Getreide verwendet. Lebensmittel waren knapp, nichts wurde weggeworfen. Nur wer reich war, konnte sich leisten, das Mehl zu **sieben** und mit hellem Mehl zu backen. Aus diesem Grund gilt bis heute Weißmehl als das „gute" Mehl. Aber ist es auch so gut? Im Handel finden wir „Weizenkleie". Diese isst man als **Flocken** zusätzlich zur

normalen Nahrung oder man kann sogar Weizenkleietabletten kaufen. Weizenkleie ist reich an Ballaststoffen, wirkt daher sättigend und hilft Menschen mit Verdauungsproblemen. Weizenkleie enthält zudem viele **Mineralstoffe** und Vitamine. Ebenfalls ein sehr gesundes Produkt ist Weizenkeimöl. Es ist eines der teuersten **Pflanzenöle**, da Weizenkörner nur sehr kleine Keimlinge enthalten und sehr viel Weizen zur Herstellung benötigt wird. Weizenkeimöl gilt als sehr gesund und vitaminreich. Doch was sind Weizenkleie und Weizenkeimöl? Weizenkleie ist nichts anderes als die abgetrennten **Randschichten** samt Keimling, die beim Ausmahlen von Weizenkörnern zu Auszugsmehl abgetrennt werden. Teilweise wird der Weizenkeimling beim **Mahlen** vom Auszugsmehl separiert und daraus wird das teure Weizenkeimöl gepresst. Doch das ist nicht bei jedem Mehl so! Wenn ich **Vollkornmehl** verwende, dann esse ich die Weizenkleie und den Weizenkeimling mit und kann es mir sparen, die teuren Zusatzlebensmittel zu kaufen! Daher nun die Antwort: Nein, Auszugsmehl ist nicht gut! Es ist **vitaminarm**, arm an Ballaststoffen und enthält nicht das hochwertige Weizenkeimöl.

Das Weizenkorn

1 ① Keimling
   ② Fruchtschale
   ③ Samenschale
   ④ Aleuronschicht
   ⑤ Mehlkörper

2 a) Sie sind vor allem in den Randschichten enthalten.

   b) Helles Weizenmehl enthält nur den Mehlkörper.

   c) Vollkornmehl enthält den Mehlkörper, die Aleuronschicht, den Keimling und die Randschichten.

   d) Weil in den Randschichten Farbstoffe enthalten sind, im Mehlkörper jedoch nicht.

   e) Die Typenzahl gibt an, wie viel mg Asche beim Verbrennen des Mehls des jeweiligen Typs zurückbleibt.

   f) Vollkornmehl enthält die Randschichten, die sehr mineralstoffreich sind.

   g) Die in Vollkornmehl enthaltenen Ballaststoffe quellen im Magen auf und führen zu einem langanhaltenden Gefühl der Sättigung. Wer länger satt ist, der isst weniger. Zudem muss ballaststoffreiche Nahrung gut gekaut werden, wodurch man automatisch langsamer isst.

   h) Als Weizenkleie bezeichnet man die abfallenden Reststoffe bei der Produktion von Auszugsmehl: Aleuronschicht, Keimling und die Randschichten.

   i) Weizenkeimöl ist ein sehr hochwertiges und teures Pflanzenöl, das aus dem Keimling gewonnen wird.

   j) Vollkornmehl ist deutlich gesünder. Auszugsmehl enthält nur den stärkereichen Mehlkörper, Vollkornmehl hingegen auch viele Vitamine, Mineralstoffe und Ballaststoffe.

Getreidedomino

Getreidedomino Lege die passenden Dominokarten aneinander! **Start!**	Welches ist weltweit die wichtigste Nutzpflanze?	**Weizen**	In welchem Teil des Getreidekorns ist die Stärke enthalten?
Mehlkörper	Welches Getreide braucht man zum Bierbrauen?	**Gerste**	Wie heißt der kleine Teil des Korns, welcher hauptsächlich aus Fett besteht?
Keimling	Wie heißen die Schichten, in denen die meisten Ballaststoffe enthalten sind?	**Frucht- und Samenschale**	Welches Getreide wird in kräftig schmeckenden, dunklen Sauerteigbroten verwendet?
Roggen	Dieses Getreide wird häufig einfach nur gequetscht verzehrt. Es ist immer ein Vollkornprodukt:	**Hafer**	Auch diese Lebensmittel zählen wie der Weizen zum Getreide:
Reis Hirse Mais Dinkel	Diese Schicht grenzt direkt an den Mehlkörper:	**Aleuronschicht**	Wie heißt der Wert, der angibt, wie viel Mineralstoffe in 100 g Mehl enthalten sind?
Typenzahl	Diese unverdaulichen Bestandteile im Vollkornmehl schützen vor Erkrankungen und machen richtig satt:	**Ballaststoffe**	**Ende!** **Gut gemacht!**

Rezepte
mit Unterrichtshinweisen

Erläuterungen zum Rezeptteil

Sie finden in den Unterrichtshinweisen zu den Rezepten zwei Symbole, die Auskunft über Dauer und Kosten eines Rezepts geben sollen:

Zeitangaben

⏱ Blitzrezept (15–30 Minuten)

⏱⏱ 1 Stunde (45–60 Minuten)

⏱⏱⏱ Doppelstunde (90 Minuten)

Diese Zeitangaben gelten für Zubereitung und Garzeit bei geübten Schülern, die die Abläufe in der Schulküche beherrschen.

Preisangaben

€ bis 50 Cent

€ € bis 1 €

€ € € bis 1,50 €

Diese Kosten gelten pro Person in einer Vierergruppe. Spezielle Lebensmittel für Allergiker und die in den Unterrichtshinweisen vorgeschlagenen Variationen/Beilagen sind nicht in der Kalkulation enthalten.

Ernährungsinfos

Hier finden Sie Hinweise auf Zutaten, die für Allergiker bedenklich sein könnten. Ich habe dabei jedoch nur folgende Nahrungsmittelallergien gekennzeichnet, da sie mir im Alltag mit Schülern am häufigsten begegnet sind:

- Milchprodukte/Laktoseintoleranz
- Gluten (Zöliakie)
- Erdnüsse/Nüsse allgemein

Darüber hinaus gibt es eine große Anzahl weiterer Allergien und Nahrungsmittelunverträglichkeiten (z. B. Äpfel, Gewürze …). Mein Tipp: Da ich kein Risiko eingehen möchte, frage ich immer am Anfang des Schuljahres in einem Elternbrief ab, ob Nahrungsmittelallergien bestehen. Diese werden dann bei der Auswahl der Rezepte beachtet.

Neben dem Thema Allergien sollte man beachten, dass Schüler teilweise aus religiösen und/oder ethischen Gründen auf Fleisch beziehungsweise Schweinefleisch verzichten. Durch gute Absprache und Planung ist es möglich, den Einkauf so zu erledigen, dass auch diese kleinen Einschränkungen problemlos gemeistert werden können.

Das Rezept im Unterricht

An dieser Stelle finden Sie Vorschläge zur Einordnung in unterrichtliche Lehrplanthemen. Manche Rezepte bieten sich dabei besonders gut für diese Themen an oder sind bereits in den vorangegangenen Unterrichtsvorschlägen zu dem Themenfeld eingearbeitet. Sie finden hier beispielsweise Informationen, was bei der Zubereitung besonders zu beachten ist und teilweise auch Unterrichtsideen, mit denen man das Rezept im Unterrichtsgespräch noch weiter aufarbeiten kann.

Einkaufsliste

An dieser Stelle finden Sie eine Einkaufsliste für die Zubereitung für vier Gruppen à jeweils vier Personen, also 16 Portionen. Diese Einkaufslisten sind die Grundlage der Berechnung für die Preiskennzeichnung. Die Einkaufsliste enthält nur die Lebensmittel, die in der Zutatenliste genannt werden. Darüber hinausgehende Tipps oder Beilagen sind in der Auflistung meist nicht enthalten und müssen nach Wunsch ergänzt werden.

Verwendete Maßeinheiten

g	= Gramm
kg	= Kilogramm
ml	= Milliliter
l	= Liter
Pck.	= Päckchen
Pr.	= Prise
Msp.	= Messerspitze
EL	= Esslöffel
TL	= Teelöffel
geh.	= gehäuft
gestr.	= gestrichen

Unterrichtshinweise und Material zu den Abkürzungen in Rezepten finden sie im Band „42 schultaugliche Kochrezepte" auf den Seiten 10–11 unter „Maßeinheiten kurz und knapp".

Unterrichtshinweise: Amerikaner

Zeitangabe  **Kosten**

Ernährungsinfos

Allergierisiken: Gluten, Milchprodukte

Statt Auszugsmehl kann man auch Vollkornmehl verwenden, jedoch muss dann eventuell etwas mehr Flüssigkeit an den Teig gegeben werden. Wer Gluten vermeiden möchte, kann auf glutenfreies Mehl zurückgreifen.
Die Milch lässt sich problemlos gegen eine milchfreie Alternative (z. B. Sojamilch) austauschen.

Das Rezept im Unterricht

Passende unterrichtliche Themen:
- Grundrezepte (Rührteig)
- Teiglockerung mit Backpulver
- Rezepte für die Kinderparty
- Kohlenhydrate/Zucker

Die Spalte für die Geräte ist leer, damit die Schüler die Geräte im Unterricht oder als Hausaufgabe selbst eintragen können.

All-in-Methode

Dank der starken elektrischen Helfer in der Küche und des Backtriebmittels Backpulver kann man ehemals aufwendige Rührteigrezepte heute schnell und einfach nach der All-in-Methode herstellen. Voraussetzung ist, dass die Teiglockerung durch Aufschlagen der Eier für das Gelingen des Rezeptes nicht notwendig ist. Bei der All-in-Methode werden die Zutaten von <u>trocken nach feucht</u> eingeschichtet und dann in einem Arbeitsgang miteinander verrührt.

Alternative Zubereitung

Natürlich schmecken die Amerikaner auch mit Schoko- statt Zuckerguss.
Wer beim Zuckerguss nicht auf konventionelle Lebensmittelfarben zurückgreifen will, kann den Guss auch mit natürlichen Farbstoffen anfärben. Am einfachsten ist es, wenn man statt Wasser die Einkochflüssigkeit von eingelegtem Obst verwendet. So kann man beispielsweise bei der Verwendung von Kirschen, Heidelbeeren oder Himbeeren aus dem Glas etwas Flüssigkeit auffangen und diese, wenn nötig, auf Vorrat einfrieren. Alternativ bereitet man einen Farbsud selbst vor. Also kann man beispielsweise etwas Spinat, Möhren oder Rote Beete in Wasser kochen, den Sud abfiltern und die gewonnene Farblösung verwenden.

Einkaufsliste für 4 Gruppen

- ☐ 4 Päckchen Vanillepuddingpulver zum Kochen
- ☐ 8 Eier
- ☐ 1 kg Mehl
- ☐ 2 Päckchen Backpulver
- ☐ 1 l Milch
- ☐ 400 g Zucker
- ☐ 400 g Margarine
- ☐ 400 g Puderzucker
- ☐ evtl. Lebensmittelfarbe
- ☐ 4 Päckchen Vanillezucker

Name: _____ Datum: _____

Amerikaner

4 Portionen

Zutaten	Arbeitsschritte	Geräte
250 g Mehl 1 Pck. Vanillepuddingpulver 3 TL Backpulver 100 g Zucker 1 Pck. Vanillezucker 100 g Margarine 2 Eier 10 EL Milch	• Backblech mit Backpapier auslegen, den Ofen auf 200 °C Ober- und Unterhitze vorheizen. • Alle Teigzutaten nach der All-in-Methode mit den Rührhaken des elektrischen Handrührgeräts zu einem glatten Teig verarbeiten. • Mit 2 EL Teighaufen auf das Backblech setzen und zu flachen Kreisen ausstreichen. • 15 Minuten backen.	
100 g Puderzucker 2 EL Wasser evtl. Lebensmittelfarbe	• Den Puderzucker mit dem Wasser zu einem dickflüssigen Zuckerguss anrühren und auf die glatte Seite der Amerikaner streichen.	Anrichtebesteck/ -geschirr

Zu viel Wasser – und der Guss misslingt!

Unterrichtshinweise: Apfelkuchen vom Blech

Zeitangabe    **Kosten**

Ernährungsinfos

Allergierisiken: Gluten, Milchprodukte

Statt Auszugsmehl kann man auch Vollkornmehl verwenden, jedoch muss dann eventuell etwas mehr Flüssigkeit an den Teig gegeben werden.
Wer Gluten vermeiden möchte, kann auf glutenfreies Mehl zurückgreifen.
Die Milch und die Butter lassen sich problemlos gegen milchfreie Alternativen (z. B. Sojamilch und Margarine) austauschen.

Das Rezept im Unterricht

Passende unterrichtliche Themen:
- Grundrezepte (Hefeteig)
- Teiglockerung mit Hefe
- Saisonale Rezepte
- Obst

Wenn Sie Zeit sparen wollen, lassen Sie die Schüler parallel am Teig und am Belag arbeiten, dann ist der Kuchen noch schneller im Ofen. Der Hefeteig geht ohne lange Gehzeit wunderschön auf, jedoch schadet es auch keinesfalls, wenn er bis zu 30 Minuten ruht, während der Belag vorbereitet wird.

Alternative Zubereitung

Dieser süße Hefeteig eignet sich auch für andere Hefekuchen mit Fruchtbelag. Der Zimtzucker passt auch hervorragend zu Pflaumen und Zwetschgen. Kirschen aus dem Glas sind eine schnelle Belagvariante ohne viel Vorbereitung. Die Zuckermenge zum Bestreuen kann hierbei deutlich reduziert werden. Rhabarber als Kuchenbelag braucht jedoch unbedingt Zucker. Wer eingekochte Quitten zur Verfügung hat, kann einen ungewöhnlichen, aber sehr leckeren Quittenkuchen backen. Den fertigen Kuchen kann man mit 3 EL erwärmtem Apfel- oder Quittengelee bestreichen. Beim Erwärmen verflüssigt sich das Gelee und beim Erkalten zeigt sich ein schöner Glanz. Zudem ist der Kuchen etwas besser vorm Austrocknen an der Luft geschützt. Es ist auch möglich, dass jeder Schüler sich seine Ecke nach Wunsch mit Obst belegt oder eine bunte Obstmischung verteilt wird.
Wer absolut keine dieser Obstsorten mag, der lässt das Obst weg und belegt seinen Kuchen nur mit Butter und Zucker.

Einkaufsliste für 4 Gruppen

- ☐ 2 kg Mehl
- ☐ 4 Würfel Hefe
- ☐ 650 g Zucker
- ☐ 4 Päckchen Vanillezucker
- ☐ 1,4 l Milch
- ☐ 700 g Butter
- ☐ 2,4 kg Äpfel
- ☐ Zimt, Salz

Name: _____ Datum: _____

Apfelkuchen vom Blech

1 Blech	Zutaten	Arbeitsschritte	Geräte
500 g 1 Würfel 75 g 1 Pck. 1 Pr. 350 ml 50 g	Mehl Hefe Zucker Vanillezucker Salz Milch weiche Butter Öl zum Einfetten	• Hefe mit 1 TL Zucker auf einem kleinen Teller mit einer Kuchengabel zerdrücken und vermischen. Die Hefe wird erst weich und dann flüssig. • Milch schwach erwärmen, die verflüssigte Hefe einrühren. • Die Butter schmelzen lassen. • Restlichen Zucker, Vanillezucker und Mehl dazugeben und mit dem Knethaken des Handrührgerätes zu einem Teig durcharbeiten. Es ist normal, dass der Teig recht feucht ist. • Teig auf einem gefetteten Backblech verstreichen. Dies geht am besten mit eingeölten Händen.	TL kleiner Teller Kuchengabel Topf Rührbesen Messbecher Waage Rührschüssel Handrührgerät mit Knethaken Backblech Backpinsel
600 g 100 g 100 g	Äpfel kalte Butter Zucker-Zimt-Gemisch	• Die Äpfel schälen und in Spalten schneiden, Butter in kleine Stückchen schneiden, Zucker-Zimt-Gemisch zubereiten und den Backofen vorheizen auf 180 °C Ober- und Unterhitze. • Apfelspalten gleichmäßig leicht in den Teig drücken, Butter darüber verteilen und alles mit Zucker-Zimt-Gemisch bestreuen. 30 Minuten backen.	Sparschäler Brett Messer Waage Schüssel TL Anrichtebesteck/-geschirr

Unterrichtshinweise: Baguettes mit verschiedenen Belägen

Zeitangabe ⏱⏱ *Kosten* €€

Ernährungsinfos

Allergierisiken: Gluten, Milchprodukte

Enthält Fleisch/Schweinefleisch

Wer auf Gluten achten muss, kann im Handel glutenfreie Baguettes finden.
Sahne lässt sich durch Sojasahne ersetzen und Käse ist auch laktosefrei erhältlich.
Man kann, wenn nötig, alle drei Varianten mit reiner Rinds- oder Geflügelwurst zubereiten oder komplett auf Fleisch verzichten. Es gibt inzwischen auch sehr gute vegetarische Aufschnittalternativen, die sich zur Zubereitung dieser Baguettebeläge eignen. Für ein vegetarisches Champignonbaguette kann man die Pilzmenge erhöhen und das Fleisch gegen 50 g Frischkäse tauschen, welchen man mit der Sahne glattrührt.

Das Rezept im Unterricht

Passende unterrichtliche Themen:
- Der Backofen
- Partyrezepte
- Pausenverkauf
- Vergleich mit Convenience-Produkten

Die dritte Spalte im Rezept ist leer, damit die Schüler selbst die Zutatenmengen für wahlweise eine oder zwei Personen ausrechnen können. Es gibt mehrere Varianten, das Rezept nun im Unterricht anzuwenden:
- Die Schüler haben die freie Wahl und können vorab entscheiden, welche Belagvariante sie zubereiten wollen – unbedingt vor dem Einkauf klären.
- Der Belag kann einheitlich für eine Vierergruppe zubereitet werden, oder aber jeder macht sein eigenes Baguette. Jeder Schüler erhält zwei Hälften, somit reicht ein Baguette pro Person auf jeden Fall.
- Sie können die verschiedenen Varianten in mehreren aufeinanderfolgenden Stunden zubereiten oder die Gruppen unterschiedlich arbeiten lassen. Besonders vor einem Pausenverkauf ist dies empfehlenswert, damit die Schüler Übung bekommen und die Aufgabe leicht von der Hand geht.

Einkaufsliste für 4 Gruppen

Champignonbaguette
- ☐ 16 Baguettebrötchen
- ☐ 32 Champignons
- ☐ 2 Paprika
- ☐ 400 g Putenaufschnitt
- ☐ 400 g geriebener Käse
- ☐ 400 g Sahne (2 Becher)
- ☐ Salz, Pfeffer, Oregano

Salamibaguette
- ☐ 16 Baguettebrötchen
- ☐ 2 Paprika
- ☐ 4 Tomaten
- ☐ 400 g Salami
- ☐ 400 g geriebener Käse
- ☐ 400 g Sahne (2 Becher)
- ☐ 2 kleine Dosen Tomatenmark (à 70 g)
- ☐ Salz, Pfeffer, Oregano

Hawaiibaguette
- ☐ 16 Baguettebrötchen
- ☐ 2 Dosen Ananas
- ☐ 4 Tomaten
- ☐ 600 g Kochschinken
- ☐ 400 g geriebener Käse
- ☐ 400 g Sahne (2 Becher)
- ☐ Salz, Pfeffer, Oregano

Name: _____   Datum: _____

Champignonbaguette

4 Personen	Zutaten		Arbeitsschritte	Geräte
8	Champignons		• Backofen auf 170 °C Umluft oder 200 °C Ober-/Unterhitze vorheizen.	Brett
½	Paprika		• Gemüse putzen und in sehr feine Würfel schneiden.	Messer
100 g	Putenbrustaufschnitt		• Putenbrust fein würfeln und mit dem Gemüse mischen.	Abfallgefäß
100 g	geriebener Käse		• Käse und Sahne einrühren.	Waage
100 g	Sahne		• Belag würzen.	Schüssel
½ TL	Salz, Pfeffer, Oregano			TL
				Rührlöffel
4	Baguettebrötchen		• Brötchen aufschneiden.	Brotmesser
			• Belag auf den Brötchenhälften verteilen.	2 EL
			• Ca. 10 Minuten überbacken.	Backblech mit Backpapier
				Anrichtebesteck/-geschirr

Salamibaguette

4 Personen	Zutaten		Arbeitsschritte	Geräte
½	Paprika		• Wurst, Paprika und Tomate fein würfeln.	Brett
1	Tomate		• Sahne und Tomatenmark verrühren.	Messer
100 g	Salami		• Gewürze unterrühren.	Abfallgefäß
100 g	geriebener Käse		• Geriebenen Käse und die restlichen gewürfelten Zutaten untermischen.	Waage
100 g	Sahne			Schüssel
½ Dose	Tomatenmark			TL
½ TL	Salz, Oregano, Pfeffer			Rührlöffel
4	Baguettebrötchen		• Baguettebrötchen wie oben beschrieben belegen und backen.	Brotmesser
				2 EL
				Backblech mit Backpapier
				Anrichtebesteck/-geschirr

Denise Reinholdt: Küchenpraxis: 52 schultaugliche Backofenrezepte
© Persen Verlag

Name: _____   Datum: _____

Hawaiibaguette

4 Personen	Zutaten	Arbeitsschritte	Geräte
½ Dose 1 150 g 100 g 100 g ½ TL	Ananas Tomate Kochschinken geriebener Käse Sahne Salz, Oregano, Pfeffer	• Schinken, Tomate und Ananas fein würfeln. • Sahne mit den Gewürzen verrühren. • Geriebenen Käse und die restlichen gewürfelten Zutaten untermischen.	Brett Messer Abfallgefäß Dosenöffner Waage Schüssel Rührlöffel TL
4	Baguettebrötchen	• Baguettebrötchen wie oben beschrieben belegen und backen.	Brotmesser 2 EL Backblech mit Backpapier Anrichtebesteck/-geschirr

Unterrichtshinweise: Biskuitrolle/Süße Spiegeleier

Zeitangabe ⏱️⏱️ *Kosten* €

Ernährungsinfos

Allergierisiken: Gluten, Milchprodukte

Wer Gluten vermeiden will, kann auf glutenfreies Mehl zurückgreifen.
Der für die Süßen Spiegeleier verwendete Magerquark kann durch eine laktosefreie Variante ersetzt werden.
Das Rezept für die Biskuitrolle ist ohne Milchprodukte.

Das Rezept im Unterricht

Passende unterrichtliche Themen:
- Grundrezepte (Biskuit)
- Physikalische Teiglockerung
- Grundtechniken (Eischnee schlagen)
- Kaffeetafel

Der Biskuitteig ist ein Beispiel für physikalische Teiglockerung durch eingeschlagene Luft. Wenn Sie sich wundern, dass dennoch etwas Backpulver hineinkommt: Dies ist einfach eine Absicherung, falls es doch nicht funktioniert.

Damit der Eischnee fest wird, muss das Eiweiß absolut fettfrei verarbeitet werden. Wenn beim Trennen ein Eigelb kaputtgeht und Eigelb im Eiweiß landet, dann wird der Eischnee nicht fest. Aus diesem Grund ist es ratsam, jedes Ei zuerst in zwei kleine Kaffeetassen zu trennen, bevor man das Eiweiß in die Schüssel zum restlichen reinen Eiweiß gießt: Geht ein Ei kaputt, muss man nicht alle anderen mit wegwerfen.

Der Eischnee muss sehr fest geschlagen werden. Wenn man mit einem Löffelstiel hindurchfährt, muss die Spur sichtbar bleiben und darf nicht wieder zusammenlaufen. Die weiteren Zutaten werden dann im Anschluss nur vorsichtig untergehoben, bis sie gerade eben vermengt sind und nicht eingerührt. Sonst wird zu viel Luft aus dem Eischnee gedrückt.

Vor der Zubereitung der Biskuitrolle kann die Teiglockerung durch Lufteinschlag auch erst einmal anhand von Löffelbiskuits geübt werden. In diesem Fall gilt: Absichtlich kein Backpulver und volles Vertrauen in den perfekten Eischnee!

Löffelbiskuits

3 Eigelb mit 25 g Zucker schaumig rühren. 3 Eiweiß, 45 g Zucker und 1 Prise Salz zu Schnee schlagen und untermengen. 70 g Mehl einarbeiten. Backblech mit Backpapier auslegen. Masse in einen Gefrierbeutel geben, Ecke abschneiden und Löffelbiskuits auf das Blech spritzen. Mit Puderzucker bestäuben. 15–20 Minuten bei 200 °C backen.

Einkaufsliste für 4 Gruppen

Biskuitrolle
- [ ] 16 Eier (L)
- [ ] 640 g Mehl
- [ ] 640 g Zucker
- [ ] 1 Päckchen Backpulver
- [ ] Marmelade (z. B. Erdbeer)

Süße Spiegeleier
- [ ] 8 Eier
- [ ] 200 g Mehl
- [ ] 200 g Stärke
- [ ] 400 g Zucker
- [ ] 1 Päckchen Backpulver
- [ ] 1 Dose Aprikosenhälften
- [ ] 400 g Magerquark
- [ ] 2 Becher Schlagsahne
- [ ] Salz

Name: _____ Datum: _____

Biskuitrolle

4 Portionen	Zutaten	Arbeitsschritte	Geräte
4 4 EL 160 g 160 g 1 Msp.	Eier Wasser Zucker Mehl Backpulver	• Backofen auf 225 °C Ober- und Unterhitze vorheizen. • Die Eier trennen und das Eiweiß mit dem kalten Wasser sehr steif schlagen, dabei den Zucker langsam einrieseln lassen. • Das Eigelb einrühren, dabei nur so lange rühren, bis das Eigelb mit dem Eischnee verbunden ist. • Jetzt das Mehl und Backpulver mischen, darübersieben, vorsichtig unter die Eimasse heben – nicht rühren!	Tafelmesser 2 Rührschüsseln Handrührgerät mit Rührbesen Sieb
		• Den Teig auf ein mit Backpapier ausgelegtes Backblech gleichmäßig aufstreichen. • 8 Minuten backen.	Teigschaber Backblech mit Backpapier
	Zucker Marmelade	• Den Biskuitteig auf ein sauberes, mit Zucker bestreutes Geschirrtuch stürzen. Mit einem nassen Tuch mehrfach über das Backpapier wischen, dadurch löst es sich leichter vom Teig. • Marmelade auf den Teig streichen, dann die Biskuitrolle fest aufrollen.	Geschirrtuch Küchenkrepp EL Teigschaber

Natürlich kann die Biskuitrolle auch eine sahnige Füllung bekommen. Für eine Sahnequarkfüllung mit Erdbeeren 250 g Quark mit 4 EL Zucker verrühren, 1 Becher Sahne steif schlagen, 1 Päckchen Sahnesteif zugeben und unter den Quark heben. 200 g Erdbeeren klein würfeln und unterheben. Mischung auf dem Biskuitboden verteilen und vorsichtig aufrollen.

Name: _____   Datum: _____

Süße Spiegeleier

4 Portionen	Zutaten	Arbeitsschritte	Geräte
2 2 EL Pr. 100 g	Eier Wasser Salz Zucker	• Backofen auf 180 °C Umluft vorheizen. • Eier trennen. • Eiweiß in einer absolut fettfreien Schüssel mit dem Wasser und dem Salz steif schlagen. • Den Zucker einrieseln lassen und weiterschlagen. • Das Eigelb vorsichtig unterheben.	Tafelmesser 2 Rührschüsseln Handrührgerät mit Rührbesen Teigschaber
50 g 50 g 1 Msp.	Mehl Stärke Backpulver	• Mehl, Stärke und Backpulver mischen. Auf die Eimasse sieben und ebenfalls vorsichtig unterheben. • Mit 1 EL kleine Häufchen auf das mit Backpapier ausgelegte Blech setzen und 10 Minuten backen.	Sieb EL Backblech mit Backpapier
½ Becher 2–3 EL 100 g ¼ Dose	Schlagsahne Zucker Quark Aprikosen- hälften	• Sahne mit Vanillezucker steif schlagen, den Quark unterrühren. • Die ausgekühlten Biskuitböden damit bestreichen und mit einer Aprikosenhälfte als „Eigelb" belegen.	Handrührgerät mit Rührbesen Teigschaber EL Anrichtebesteck/-geschirr

Unterrichtshinweise: Blechpizza mit schnellem Hefeteig

Zeitangabe ⏱⏱ *Kosten* €€

Ernährungsinfos

Allergierisiken: Gluten, Milchprodukte

Enthält Schweinefleisch

Statt Auszugsmehl kann man auch Vollkornmehl verwenden, jedoch muss dann eventuell etwas mehr Flüssigkeit an den Teig gegeben werden. Glutenfreies Mehl kann problemlos verwendet werden.
Der geriebene Käse kann durch laktosefreien oder kuhmilchfreien Käse ersetzt werden.
Die Salami kann durch Geflügelwurst ersetzt oder komplett weggelassen werden.

Das Rezept im Unterricht

Passende unterrichtliche Themen:
- Grundrezepte (salziger Hefeteig)
- Teiglockerung durch Hefe
- Internationale Küche

Ein echter Pizzaofen lässt sich auf über 400 °C erhitzen, die meisten Haushaltsöfen schaffen nur 250 °C, wodurch die Pizza länger braucht und weniger knusprig wird. Wenn möglich, darf die Temperatur auch noch höher sein und die Garzeit kann entsprechend verkürzt werden.

Damit der Belag italienischen Pizzen nahekommt, sollte nicht der gesamte Käse oben auf die Pizza gestreut werden, sondern ein Großteil sollte direkt auf der Tomatensoße verteilt werden. Der Belag sollte nicht zu dick werden, damit der Hefeboden nicht durchweicht.

Alternative Zubereitung

Natürlich kann der Teig auch mit allen anderen üblichen Pizzabelägen belegt werden.

Einkaufsliste für 4 Gruppen

- ☐ 4 Würfel Hefe
- ☐ 4 EL Zucker
- ☐ 4 TL Salz
- ☐ 2 kg Mehl
- ☐ Öl
- ☐ 1 kg passierte Tomaten
- ☐ 400 g Salami
- ☐ 800 g geriebener Käse
- ☐ 4 Knoblauchzehen
- ☐ Oregano, Salz

Name: _____ Datum: _____

Blechpizza mit schnellem Hefeteig

1 Blech	Zutaten	Arbeitsschritte	Geräte
1 Würfel 1 EL 1 TL 250 ml 500 g 2 EL	Hefe Zucker Salz warmes Wasser Mehl Öl Öl für das Backblech und zum Bestreichen	• Den Backofen auf 250 °C Ober- und Unterhitze vorheizen. • Die Hefe mit einer Gabel mit dem Zucker vermischen, bis die Hefe zu „leben" anfängt. • Das warme Wasser, das Salz und das Öl einrühren, dann das Mehl zugeben und unterkneten. Den Teig einige Minuten durchkneten. • Ein Blech großzügig mit Öl einfetten, den Teig ausrollen und auf das Blech legen. Dann die Ränder des Teigs erneut einölen.	Gabel Waage EL Auswiegeschälchen TL Messbecher Rührschüssel Handrührgerät mit Rührbesen Backpinsel Backblech
250 g 1 100 g 200 g	passierte Tomaten Knoblauchzehe Oregano, Salz Salami geriebener Käse	• Den Teig stehen lassen, in der Zwischenzeit den Belag vorbereiten. • Die passierten Tomaten mit Knoblauch, Oregano und Salz würzen. Salami in mundgerechte Stücke schneiden. • Den Pizzateig zuerst mit Tomatensoße bestreichen. Dann den Käse aufstreuen und zuletzt die Salami auflegen. • Pizza für 10–15 Minuten backen.	Schüssel Knoblauchpresse Brett Messer Anrichtebesteck/-geschirr

Pizza mit Käserand? Geht ganz einfach! Dazu einfach den Teig etwas größer als das Blech ausrollen und einen Teil des Käses an den Rand streuen. Dann den Teig wieder überklappen.

Unterrichtshinweise: Bratäpfel im Nussmantel mit selbst gemachter Vanillesoße

Zeitangabe ⏱️⏱️ *Kosten* €€

Ernährungsinfos

Allergierisiken: Nüsse, Milchprodukte

Die Butter kann, wenn nötig, durch Margarine ersetzt werden; dies beeinflusst den Geschmack jedoch deutlich.

Damit Nussallergiker auch mitgenießen dürfen, kann man Rosinen in den ungeschälten Apfel geben und etwas Butter und Zimt obendrauf geben. Erkundigen Sie sich, ob der Nussallergiker eventuell Mandeln essen darf – Mandeln sind botanisch gesehen keine echten Nüsse. In diesem Fall kann man die gemahlenen Haselnüsse einfach austauschen.

Dieses Rezept ist eine Kalorienbombe. Besprechen Sie mit den Schülern, dass solche kalorienreichen Speisen nur als Teil einer ausgewogenen Ernährung ab und an erlaubt sind, aber nicht zur Tagesordnung gehören dürfen. Dieses Gericht eignet sich beispielsweise als festliches Dessert im Advent.

Das Rezept im Unterricht

Passende unterrichtliche Themen:
- Vergleich mit Convenience-Produkten
- Saisonale Küche
- Gäste bewirten

Die Spalte für „1 Portion" ist leer, damit die Schüler bei Bedarf Einzelportionen errechnen können.

Die Vanillesoße ist nicht gelb, sondern hat stattdessen die natürlichen schwarzen Vanillemark-Pünktchen in der weißen Soße. Der Vergleich zu Vanillesoßenpulver ist daher sehr interessant. Ein Blick auf die Packung verrät, dass Farbstoff enthalten ist und auch nicht immer echte, hochwertige Vanille, sondern künstliches Vanillin eingesetzt wird. Wenn Sie der Soße für den Vorführeffekt eine gelbe Farbe verpassen möchten, dann kann in die Stärke etwas Kurkuma eingerührt werden.

Werfen Sie die ausgekratzte Vanilleschote nicht weg! Zeigen Sie den Schülern stattdessen, wie sie ihren eigenen Vanillezucker herstellen können. Die ausgekratzten Vanilleschotenstückchen werden mit Zucker in ein Schraubglas eingefüllt. Jedes Mal, wenn eine Schote verwendet wird, kann diese zusammen mit Zucker in dieses Glas wandern. Der Zucker nimmt das tolle Aroma der Vanilleschote an, und Sie verwenden in Zukunft statt eines Päckchens Vanillezucker einfach einen EL dieser Mischung. Keine Lust auf Vanillezucker? Dann kann die Schote mit der Milch aufgekocht werden und ihr tolles Aroma abgeben. Sie wird dann vor dem Binden der Soße herausgefischt.

Alternative Zubereitung

Sie wollen sich auf die Vanillesoße konzentrieren und haben keine Zeit für aufwendige Bratapfelzubereitung? Dann ist eine Füllung aus 1 Dominostein und 1 Marzipankartoffel blitzschnell und lecker. In diesem Fall wird der Apfel nicht geschält. Dies ist nur notwendig, damit der Nussmantel haftet.

Einkaufsliste für 4 Gruppen

- ☐ 16 Äpfel
- ☐ 1 Stück Butter
- ☐ Öl
- ☐ 500 g Zucker
- ☐ 400 g gemahlene Haselnüsse
- ☐ 2 TL Zimt
- ☐ 1 l Milch
- ☐ 1 Vanilleschote
- ☐ 1 Becher Schlagsahne
- ☐ 4 EL Stärke

Name: _____   Datum: _____

Bratäpfel in Nussmantel

4 Portionen	Zutaten	1 Portion	Arbeitsschritte	Geräte
4	Äpfel Öl für die Form		• Backofen auf 180 °C vorheizen. • Äpfel schälen und das Kerngehäuse ausstechen. • Eine Auflaufform mit Öl einpinseln.	Sparschäler Apfelkernausstecher Auflaufform Pinsel
¼ Stück 100 g 100 g ½ TL	Butter Zucker gemahlene Haselnüsse Zimt		• Butter in einem kleinen Topf schmelzen. • Zucker, Zimt und gemahlene Haselnüsse in einer Schüssel mischen. • Die Äpfel zuerst in der Butter und dann in der Nussmischung wenden. • Wenn alle Äpfel ummantelt sind, die restliche Nussmischung in den Topf mit der restlichen Butter einrühren. Diese Mischung in die Öffnung der Äpfel drücken. • Äpfel in die Auflaufform setzen und 25–35 Minuten backen.	Topf TL Waage Schüssel EL Anrichtebesteck/-geschirr

Vanillesoße

4 Portionen	Zutaten	1 Portion	Arbeitsschritte	Geräte
250 ml 2 EL ¼ Stange 1 EL ¼ Becher	Milch Zucker Vanille Stärke Sahne		• Milch in einen Topf geben. 3 EL von der kalten Milch abnehmen und mit der Stärke in einem kleinen Schälchen verrühren. • Die Vanillestange auskratzen und das Vanillemark zur Milch geben. • Den Zucker über die Milch streuen und mit einem Schneebesen die angerührte Stärke einrühren. Die Milch erneut auf die Platte stellen und einmal kurz aufkochen lassen. • Den Topf von der Platte ziehen und den Topf auf höchster Stufe anschalten. Nicht rühren, sondern warten, bis die Milch aufkocht. • Die Sahne einrühren und die Soße abkühlen lassen.	Topf EL Schälchen Brett Messer Schneebesen

Denise Reinholdt: Küchenpraxis: 52 schultaugliche Backofenrezepte
© Persen Verlag

Unterrichtshinweise: Brötchen aus Quark-Öl-Teig

Zeitangabe ⏱⏱ *Kosten* €

Ernährungsinfos

Allergierisiken: Gluten, Milchprodukte

Statt Auszugsmehl kann man auch Vollkornmehl verwenden, jedoch muss dann eventuell etwas mehr Flüssigkeit an den Teig gegeben werden. Das Mehl kann durch glutenfreies Mehl ersetzt werden.
Ob der Teig auch mit Alternativen zu den herkömmlichen Kuhmilchprodukten funktioniert, müsste getestet werden.

Das Rezept im Unterricht

Passende unterrichtliche Themen:
- Grundrezepte (Quark-Öl-Teig)
- Teiglockerung durch Backpulver
- Frühstück

Alternative Zubereitung

Für Müslibrötchen weicht man Rosinen kurz in kochendem Wasser ein, lässt sie abtropfen und mischt sie dann zusammen mit Haselnüssen unter den Teig. Die eingeweichten Rosinen verbinden sich besser mit dem Teig, wenn sie vor dem Unterarbeiten etwas bemehlt werden.

Einkaufsliste für 4 Gruppen

- ☐ 1 kg Mehl
- ☐ 2 Päckchen Backpulver
- ☐ 500 ml Milch
- ☐ 500 g Quark
- ☐ 250 ml Öl
- ☐ 2 Becher Sahne
- ☐ 4 Eier
- ☐ Kerne/Saaten nach Wunsch (Sesam, Leinsamen, Sonnenblumenkerne, Mohn, Kürbiskerne)

Name: _____   Datum: _____

Brötchen aus Quark-Öl-Teig

4 Portionen	Zutaten	Arbeitsschritte	Geräte
250 g ½ Pck. ½ TL 125 g 1 4 EL 4–6 EL	Mehl Backpulver Salz Quark Ei Öl Milch	• Backofen auf 200 °C vorheizen. Backblech mit Backpapier belegen. • Teig nach der All-in-Methode herstellen, also alle Zutaten von fest nach flüssig in die Rührschüssel geben und anschließend mit dem Handrührgerät verkneten.	Backblech mit Backpapier Waage 2 EL TL große Schüssel Handrührgerät mit Knethaken
½ Becher	Sahne Mehl für die Arbeitsfläche Sesam, Mohn, Leinsamen, Sonnenblumenkerne, Kürbiskerne nach Wunsch	• Teig in vier Teile teilen und auf der bemehlten Arbeitsfläche zu Brötchen formen. • Sahne und gewählte Körner jeweils in einen Suppenteller geben. • Brötchen mit der Oberseite in die Sahne und anschließend in die gewünschten Körner tauchen und auf das Backblech setzen. • Brötchen auf das Backblech setzen und sie bei 200 °C ca. 20 Minuten backen.	Kochmesser 2 Suppenteller

Denise Reinholdt: Küchenpraxis: 52 schultaugliche Backofenrezepte
© Persen Verlag

Unterrichtshinweise: Erdnusscookies

Zeitangabe 🕑 **Kosten** €

Ernährungsinfos

Allergierisiken: Erdnüsse

Wenn Sie einen Erdnussallergiker in der Gruppe haben, sollten Sie auf die Zubereitung dieses Gerichts besser komplett verzichten, da in schweren Fällen bereits Erdnussspuren zu starken Reaktionen führen können.

Das Rezept im Unterricht

Passende unterrichtliche Themen:
- Das Handrührgerät
- Internationale Küche (Amerika)

Alternative Zubereitung

Lassen Sie die Schüler andere Rezepte für Cookies recherchieren. Dies ist ein sehr einfach gehaltenes Einstiegsrezept.

Sie bekommen keine günstige Erdnussbutter? Oder Sie wollen einfach alles selbst herstellen und Konsistenz und Geschmack mitbestimmen? Dann machen Sie die Erdnussbutter doch einfach selbst!

Erdnussbutter

250 g geröstete, gesalzene Erdnüsse und 1 EL Zucker in einer Küchenmaschine pürieren.

Etwas Öl macht die Creme weicher und geschmeidiger, jedoch sollte man aufpassen, dass die Erdnussbutter nicht zu weich zum Weiterverarbeiten wird. Die fertig pürierte Erdnussbutter kann man mit weiterem Salz und Zucker nach Wunsch abschmecken.

Wer stückige Erdnussbutter („crunchy") herstellen möchte, nimmt ein paar EL gehackte Erdnüsse heraus, bevor die Masse ganz glatt püriert wird, und mischt diese dann später unter.

Einkaufsliste für 4 Gruppen

- ☐ 1 kg Erdnussbutter
- ☐ 600 g Zucker
- ☐ 4 Eier
- ☐ 2 Päckchen Backpulver

Name: _____   Datum: _____

Erdnusscookies

ca. 30 Stück

Zutaten		Arbeitsschritte	Geräte
250 g	Erdnussbutter	• Backofen vorheizen auf 180 °C. • Das Ei schaumig aufschlagen, dabei den Zucker einrieseln lassen, das Backpulver unterrühren. • Die Erdnusscreme unterrühren.	Rührschüssel Handrührgerät mit Schneebesen Waage Handrührgerät mit Knethaken
150 g	Zucker		
1	Ei		
1 TL	Backpulver		
		• Mit einem TL Teig abstechen, mit nassen Händen Kugeln formen und diese mit dem Handballen auf einem Backblech flach drücken. • 10–12 Minuten knusprig backen.	TL Backblech mit Backpapier

Unterrichtshinweise: Fischauflauf mit Porree und Frischkäse

Zeitangabe 🕐🕐🕐 **Kosten** € €

Ernährungsinfos

Allergierisiken: Milchprodukte

Greifen Sie je nach Bedarf auf laktosefreie Alternativen zurück. Erkundigen Sie sich oder testen Sie, ob diese Alternativen zum Erhitzen geeignet sind.

Das Rezept im Unterricht

Passende unterrichtliche Themen:
- Fisch
- Garverfahren (Dünsten)

Die Spalte „2 Portionen" ist leer, damit die Schüler die Mengen im Unterricht oder als Hausaufgabe selbst errechnen können.

Die Preiskalkulation geht von günstigem Frischfisch oder TK-Fisch aus.

Wenn in der Schulküche Backformen aus hitzebeständigem Glas (Jenaer Glas) zur Verfügung stehen, dann kann der Zubereitungsschritt im Topf übersprungen werden, indem man den Porree direkt in der Glasform auf der Herdplatte dünstet, mit dem Fisch und Frischkäse belegt und direkt in den Backofen gibt.

Einkaufsliste für 4 Gruppen

- ☐ 8 Stangen Porree
- ☐ 16 Fischfilets
- ☐ Instantgemüsebrühe (für 400 ml Brühe)
- ☐ 1 kg Frischkäse
- ☐ 16–24 Äpfel
- ☐ 100 ml Milch
- ☐ TK-Kräutermischung
- ☐ 4 Knoblauchzehen
- ☐ Salz, Pfeffer

Name: _____ Datum: _____

Fischauflauf mit Porree und Frischkäse

4 Portionen	Zutaten	2 Portionen	Arbeitsschritte	Geräte
2 Stangen 100 ml 4	Porree kräftige Gemüsebrühe Fischfilets Salz, Pfeffer		• Backofen vorheizen auf 180 °C Ober- und Unterhitze. • Porree von dunkelgrünen Blättern und Wurzelhaaren befreien, der Länge nach halbieren, Sand auswaschen. In 0,5 cm breite Streifen schneiden. • In einem Topf die Brühe zum Kochen bringen, den Porree zugeben und kurz dünsten. • Den Fisch beidseitig salzen und pfeffern.	Brett Messer Topf Messbecher
250 g 2 EL 2 TL 1 Zehe	Frischkäse Milch TK-Kräuter (z. B. italienische) Knoblauch Salz, Pfeffer		• Den Frischkäse mit der Milch glatt rühren, mit Salz, Pfeffer, gepresstem Knoblauch und Kräutern verrühren und würzig abschmecken.	Waage EL TL Schneebesen Knoblauchpresse Kochlöffel
			• Den gedünsteten Porree mit der Flüssigkeit in einer Auflaufform verteilen. Die Fischfilets auflegen. Darauf die Frischkäsecreme verstreichen. • Für 30 Minuten backen.	Auflaufform Anrichtebesteck/-geschirr

Dazu schmecken Salzkartoffeln.

Unterrichtshinweise: Fladenbrot mit Fetacreme

Zeitangabe ⏱⏱⏱ *Kosten* €€

Ernährungsinfos

Allergierisiken: Gluten, Milchprodukte

Ersetzen Sie, wenn nötig, das Mehl durch glutenfreies Mehl.
Feta, der nur aus Schafskäse hergestellt wird, gehört zu den laktosearmen Produkten und ist für Laktoseallergiker geeignet. Die Milch kann laktosefrei gekauft werden.

Das Rezept im Unterricht

Passende unterrichtliche Themen:
- Grundrezepte (Hefeteig)
- Internationale Küche

Alternative Zubereitung

Statt der mächtigen Fetacreme kann ein Tsatsiki (dieses Rezept finden Sie im Band „Küchenpraxis: 42 schultaugliche Kochrezepte", Bestellnr. 23445) zum Fladenbrot gereicht werden. Oder Sie wählen das frische Fladenbrot als Beilage zu einem griechischen Salat, ohne eine weitere Creme herzustellen.

> **Griechischer Salat**
>
> ½ Gurke, 1 Paprikaschote und 2 Tomaten waschen, entkernen und in 1 cm große Würfel schneiden. 100 g Feta etwas kleiner würfeln und eine ½ Zwiebel in halbe Ringe schneiden – so dünn wie möglich! Alle Zutaten in einer Schüssel mit 4 EL Olivenöl und 1 TL Zitronensaft vermischen, mit Salz und Pfeffer abschmecken.

In einen richtigen griechischen Salat gehören natürlich auch Oliven. Ob diese jedoch tatsächlich hinzugefügt werden sollen, sollten Sie vor dem Einkauf mit den Schülern besprechen. Ich habe bisher selten Schüler erlebt, die Oliven mögen.

Einkaufsliste für 4 Gruppen

- ☐ 2 Würfel Hefe
- ☐ 4 TL Zucker
- ☐ 4 TL Salz
- ☐ 1,6 kg Mehl
- ☐ 250 ml Öl
- ☐ 4 Eier (nur das Eigelb wird benötigt)
- ☐ 16 TL Sesamsaat
- ☐ 400 g Feta
- ☐ 4 EL Milch
- ☐ 200 g Butter
- ☐ 4 Becher Schmand
- ☐ 1 Tube Tomatenmark
- ☐ Pfeffer
- ☐ 4 Knoblauchzehen

Name: _____ Datum: _____

Fladenbrot

4 Fladenbrote	Zutaten	Arbeitsschritte	Geräte
½ Würfel 1 TL 250 ml 1 TL 400 g 3 EL 1	Hefe Zucker warmes Wasser Salz Mehl Öl Eigelb	• Mit einer Gabel Hefe und Zucker verkneten, bis die Hefe sich verflüssigt. • Dann die Hefe in dem lauwarmen Wasser auflösen. • Mehl, Salz, Eigelb, Öl unterkneten. Eine Schüssel etwas einölen und darin den Teig mit einem Handtuch zugedeckt an einem warmen Ort gehen lassen. • Den Backofen vorheizen auf 250 °C Umluft.	Gabel Rührschüssel TL Messbecher Schüssel Handrührgerät mit Knethaken Schüssel Backpinsel Handtuch
1 EL 1 EL 4 TL	Öl Milch Sesamsaat	• Den Teig in vier Teile teilen. • Aus dem Teig vorsichtig vier Fladenbrote formen. Sie sollten dabei nicht zu sehr zusammenfallen. Die vier Fladenbrote nebeneinander auf ein Backblech legen. • Öl und Milch verrühren, die Fladenbrote damit einpinseln. Dann mit den Fingerspitzen die charakteristischen Vertiefungen in die Fladenbrote drücken. Mit Sesam bestreuen und für ca. 10 Minuten backen.	Messer Backblech mit Backpapier Gabel EL TL Backpinsel Anrichtegeschirr/-besteck

Das Rezept ist noch originalgetreuer, wenn die Sesamsaat zu einem Teil aus schwarzem Sesam besteht!

Fetacreme

4 Portionen	Zutaten	Arbeitsschritte	Geräte
100 g 50 g 50 g 1 Becher 1 Zehe	Feta Tomatenmark weiche Butter Schmand Knoblauch Salz, Pfeffer	• Alle Zutaten in einen Universalzerkleinerer geben. • Die Knoblauchzehe schälen und dazupressen. • Alles pürieren und mit Salz und Pfeffer abschmecken.	Waage EL Universalzerkleinerer Messer Knoblauchpresse

Unterrichtshinweise: Fladenbrot mit Hackfleisch

Zeitangabe 　　　　　　　　　　　　　　　　　　　　　　　　　　　　　　　*Kosten* € €

Ernährungsinfos

Allergierisiken: Gluten, Milchprodukte

Enthält Fleisch

Für eine glutenfreie Variante muss auf glutenfreies Brot ausgewichen werden oder es können selbst gemachte Fladenbrote aus dem Rezept „Fladenbrot mit Fetacreme" verwendet werden.
Den Mozzarella kann man durch laktosearmen Feta ersetzen.

Das Rezept ergibt eine Fladenbrotecke pro Schüler.

Das Rezept im Unterricht

Passende unterrichtliche Themen:
- Internationale Küche
- Aufwertung von Convenience-Produkten
- Rindfleisch

Als Beilage eignen sich Tsatsiki (dieses Rezept finden sie im Band „Küchenpraxis: 42 schultaugliche Kochrezepte", Bestellnr. 23445), Krautsalat, griechischer Salat oder Fetacreme (siehe beides vorheriges Rezept).

Für eine vegetarische Zubereitung sollte man den Gemüsebelag etwas üppiger wählen und kann statt der Hackmasse eine andere würzige Grundlage wie Fetacreme vor dem Backen auftragen.

Das Rezept ist zügig zuzubereiten, wenn die Schüler die einzelnen Aufgaben parallel bearbeiten. Um Zeit zu sparen, können Sie die Aufgabenkarten einsetzen. Verteilen Sie die Aufgabenkarten in einer Vierergruppe. Dabei muss vor der Ausgabe der nächsten Aufgaben erst ein Arbeitsschritt beendet sein. Das vollständige Rezept erhalten die Schüler erst später.

1. Schritt	½ Zwiebel und 1 Zehe Knoblauch fein würfeln.	1 EL Öl in einer Pfanne erhitzen, darin das Hackfleisch krümelig braten.	2 Tomaten waschen und in dünne Scheiben schneiden. Backblech mit Backpapier belegen.	1 Kugel Mozzarella in dünne Scheiben schneiden. Backofen auf 200 °C Ober- und Unterhitze vorheizen.
2. Schritt	Zwiebel und Knoblauch zum Hack in die Pfanne geben.	Hackmischung mit Salz, Pfeffer, Oregano, Paprika und Kreuzkümmel würzig abschmecken.	½ Fladenbrot erst aufschneiden und dann halbieren, sodass man vier Fladenbrotecken erhält.	Die Fladenbrote erst mit der Hackmasse, dann mit den Tomaten und zuletzt mit dem Mozzarella belegen und für 15 Minuten backen.

Einkaufsliste für 4 Gruppen

- ☐ 2 Fladenbrote
- ☐ 1 kg Rinderhack
- ☐ 2 Zwiebeln
- ☐ 4 Knoblauchzehen
- ☐ 8 Tomaten
- ☐ 4 Kugeln Mozzarella
- ☐ Öl zum Braten
- ☐ Salz, Pfeffer, Paprikapulver, Oregano, Kreuzkümmel

Denise Reinholdt: Küchenpraxis: 52 schultaugliche Backofenrezepte
© Persen Verlag

Name: _____ Datum: _____

Fladenbrot mit Hackfleisch

4 Portionen	Zutaten	Arbeitsschritte	Geräte
½ 1 2 1 Kugel	Zwiebel Knoblauchzehe Tomaten Mozzarella	• Zwiebel und Knoblauch fein würfeln. • Tomate in dünne Scheiben schneiden. • Mozzarella in Scheiben schneiden. • Backofen auf 200 °C Ober- und Unterhitze vorheizen.	Brett Messer
250 g 1 EL	Rinderhack Öl Salz, Pfeffer, Oregano, Paprika Kreuzkümmel	• Hackfleisch in Öl krümelig braten. • Zwiebeln und Knoblauch dazugeben und mitbraten. • Kräftig würzen.	Waage EL Pfanne Pfannenwender
½	Fladenbrot	• Fladenbrothälfte aufschneiden und noch einmal halbieren. • Die Hackmasse auf den Vierteln verteilen. • Mit Tomaten belegen, dann den Mozzarella darauf verteilen. • Für 15 Minuten backen.	Brotmesser EL Anrichtebesteck/-geschirr

Unterrichtshinweise: Gebackene Kürbisspalten mit Pestoquark

Zeitangabe 　　　　　　　　　　　　　　　　　　　　　　　　　　　　　　*Kosten* €€

Ernährungsinfos

Allergierisiken: Milchprodukte, Nüsse

Die Milchprodukte können gegen laktosefreie Alternativen ausgetauscht werden.
Pesto enthält im Originalrezept zwar ausschließlich Pinienkerne, die fertig zu kaufenden Pestozubereitungen enthalten jedoch stattdessen meistens geriebene Nüsse oder Cashewkerne. Bereiten Sie doch stattdessen einen nussfreien Dip als Beilage zu. Die Sour Cream aus dem Rezept „Wedges mit Sour Cream" schmeckt auch sehr gut zu den würzigen Kürbisspalten.

> Indische Currypaste nicht verwechseln mit thailändischer Currypaste! Letztere ist sehr scharf und schmeckt ganz anders.

Das Rezept im Unterricht

Passende unterrichtliche Themen:
- Saisonale Küche
- Gemüse
- Vegetarische Küche

Die Spalte „2 Portionen" ist leer, damit die Schüler die Mengen im Unterricht oder als Hausaufgabe selbst errechnen können.

Alternative Zubereitung

Wenn Sie nicht auf indische Currypaste zurückgreifen können, dann verwenden Sie stattdessen eine Mischung aus Currypulver und gemahlenem Kreuzkümmel (Cumin). Fügen Sie in diesem Falle 1 EL mehr Öl hinzu.

Ebenfalls empfehlenswert ist die Zubereitung des Kürbisses auf italienische Art:

Gebackener Kürbis italienische Art

½ Hokkaidokürbis gründlich waschen und in 2 cm große Würfel schneiden. In einer Schüssel mit 4 EL Öl vermischen, mit Salz, Pfeffer und Pizzagewürz würzen. Bei 200 °C für 20 Minuten backen. Dann 3 EL Parmesan auf dem Kürbis verteilen und noch einmal weitere 3 Minuten backen.

Einkaufsliste für 4 Gruppen

- ☐ 2 Hokkaidokürbisse
- ☐ 4 TL Madras-Currypaste
- ☐ 8 EL Sojasoße
- ☐ 8 EL Öl
- ☐ 1 kg Quark
- ☐ 8 TL Pesto
- ☐ 12 EL Milch
- ☐ Salz, Pfeffer

Name: _____ Datum: _____

Gebackene Kürbisspalten

4 Portionen	Zutaten	2 Portionen	Arbeitsschritte	Geräte
½	Hokkaidokürbis		• Kürbis gründlich waschen und in Spalten schneiden, Kerngehäuse mit einem Löffel entfernen.	Brett Messer EL
1 TL 2 EL 2 EL	Madras-Currypaste Sojasoße Öl		• Aus den restlichen Zutaten eine Marinade anrühren und die Kürbisspalten damit einpinseln. • Bei 200 °C Umluft für 15–20 Minuten backen.	TL EL Schüssel Schneebesen Backpinsel Backblech mit Backpapier

Im Rezept steht absichtlich nichts vom Schälen des Kürbisses, denn Hokkaidokürbisse können bedenkenlos mit Schale verzehrt werden. Dies erspart Arbeit und sieht außerdem schöner aus.

Pestoquark

4 Portionen	Zutaten	2 Portionen	Arbeitsschritte	Geräte
250 g 2 TL 3 EL	Quark Pesto Milch Salz, Pfeffer		• Quark und die restlichen Zutaten verrühren, abschmecken und zu den gebackenen Kürbisspalten reichen.	Waage TL EL Schüssel Schneebesen Anrichtebesteck/-geschirr

Unterrichtshinweise: Gefüllte Paprikaschoten

Zeitangabe ⏱️⏱️⏱️　　　　　　　　　　　　　　　　　　　　　　　　**Kosten** €€

Ernährungsinfos

Allergierisiken: Milchprodukte

Enthält Fleisch

Feta ist sehr laktosearm und ist daher in der Regel für die laktosefreie Ernährung geeignet. Auch Hartkäse wie Emmentaler gelten als annähernd laktosefrei. Wenn jedoch absolut auf Laktose verzichtet werden muss, dann kann man auf Spezialprodukte zurückgreifen.
Das Hackfleisch kann sowohl vom Schwein, vom Rind oder auch gemischt verwendet werden.
Aus frischem Gemüse kann man eine vegetarische Füllung herstellen.

Das Rezept im Unterricht

Passende unterrichtliche Themen:
- Saisonale Küche
- Gemüse

Alternative Zubereitung

Wenn Sie den Reis nicht vorkochen wollen, dann lassen Sie die Schüler 35 g rohen Reis kochen. Das Verhältnis bei Reis roh zu gekocht ist ungefähr 1:3.

Die Füllung eignet sich auch für ausgehöhlte Zucchinihälften. An der Zubereitung oder Garzeit ändert sich dabei nichts.

Für eine rein vegetarische Füllung kann man statt des Hackfleischs 1 kleine gewürfelte Zucchini und 1 gewürfelte Paprikaschote zusammen mit Zwiebel und Knoblauch anbraten und mit dem Reis und Feta mischen.

Für eine festere Füllmasse lässt man das Hackfleisch und die Zwiebeln roh und verknetet diese mit dem Reis. Die rohe Mischung sollte von den Schülern kräftig gewürzt, aber nicht roh abgeschmeckt werden.

Die Paprika bleibt etwas bissfest. Wenn die Paprika ganz weich sein soll, dann muss die Garzeit verlängert werden.

Einkaufsliste für 4 Gruppen

- ☐ 4 Zwiebeln
- ☐ 4 Knoblauchzehen
- ☐ 8 Paprikaschoten
- ☐ 600 g Hack
- ☐ 400 g gekochter Reis (ca. 140 g roh)
- ☐ 400 g Feta
- ☐ 2 kg passierte Tomaten
- ☐ 200 g geriebener Käse
- ☐ Salz, Pfeffer, Paprikapulver, Thymian, Rosmarin
- ☐ 2 TL Zucker
- ☐ Öl

Name: _____   Datum: _____

Gefüllte Paprikaschoten

4 Portionen	Zutaten	Arbeitsschritte	Geräte
1 1 1 EL 150 g 100 g	Zwiebel Knoblauchzehe Öl Hack gekochter Reis (Langkorn)	• Den Backofen vorheizen auf 180 °C Ober- und Unterhitze. • Die Zwiebel und die Knoblauchzehe so klein wie möglich würfeln. • Das Öl in eine Pfanne geben und das Hackfleisch darin anbraten. Dann Zwiebeln und Knoblauchzehen dazugeben und mitbraten. • Den Reis mit in die Pfanne geben.	Brett Messer EL Waage Pfanne Pfannenwender
100 g	Feta Salz, Pfeffer, Paprikapulver, Thymian, Rosmarin	• Den Feta würfeln und auch mit in die Pfanne einrühren. • Die Masse mit Salz, Pfeffer, Paprikapulver, Thymian und Rosmarin kräftig würzen.	
2 500 g ½ TL 50 g	Paprikaschoten passierte Tomaten Salz, Pfeffer, Paprikapulver, Thymian, Rosmarin Zucker geriebener Käse (z. B. Emmentaler)	• Paprikaschoten waschen, längs halbieren und entkernen. • Mit der Hackmasse füllen. • Die passierten Tomaten mit Salz, Pfeffer, Thymian, Rosmarin und Zucker würzen. • Die passierten Tomaten in eine Auflaufform gießen. • Die gefüllten Paprikaschoten hineinsetzen. • Ca. 20 Minuten backen. • Mit dem Käse bestreuen und weitere 15 Minuten backen.	Messer Auflaufform Anrichtebesteck/-geschirr

Denise Reinholdt: Küchenpraxis: 52 schultaugliche Backofenrezepte
© Persen Verlag

Unterrichtshinweise: Gefüllte Zucchini

Zeitangabe ⏱⏱ **Kosten** €

Ernährungsinfos

Allergierisiken: Milchprodukte

Verwenden Sie laktosefreien Frischkäse für die Füllung, dann kann auch ein Allergiker mitessen.

Das Rezept im Unterricht

Passende unterrichtliche Themen:
- Saisonale Küche
- Vegetarische Küche

Alternative Zubereitung

Wer möchte, kann die Zucchini in einer Tomatensoße backen. Dazu ein Glas Napolisoße mit etwas Wasser strecken. Die Soße wird erst in die Auflaufform gefüllt, bevor Sie die Zucchini hineinsetzen. Als Beilage schmecken Fladenbrot, Ciabatta, Baguette oder Pizzabrötchen sehr gut.

Wenn die Schüler den Teig für diese Pizzabrötchen vor dem Füllen der Zucchini zubereiten, dann haben die Brötchen ein bisschen Gehzeit und können zusammen mit den Zucchini backen.

Pizzabrötchen

200 g Mehl, 1 Päckchen Trockenhefe, 1 TL Salz, ½ TL Oregano, 125 ml warmes Wasser und 2 EL Öl zu einem geschmeidigen Teig verkneten. Teig gehen lassen. Dann Teig zu einer Rolle formen, gleichmäßige Brötchen abschneiden und bei 200 °C für 20–30 Minuten backen.

Einkaufsliste für 4 Gruppen

- ☐ 8 kleine Zucchini
- ☐ 32 Champignons
- ☐ 800 g Frischkäse
- ☐ 4 Zwiebeln
- ☐ 4 Knoblauchzehen
- ☐ Salz, Pfeffer, Dill

Name: _____ Datum: _____

Gefüllte Zucchini

4 Portionen	Zutaten	Arbeitsschritte	Geräte
2 kleine 8 200 g 1 Zehe 1	Zucchini Champignons Frischkäse Knoblauch Zwiebel Salz und Pfeffer	• Die Zucchini halbieren und bis auf einen schmalen Rand mit einem Löffel aushöhlen. • Die Champignons, das Innere der Zucchini (aber nicht das Kerngehäuse) und die Zwiebel fein würfeln. • Den Frischkäse mit Salz, Pfeffer und gepresstem Knoblauch verrühren, dann das gewürfelte Gemüse untermischen. • Die Frischkäsemasse in die Zucchinihälften einfüllen. • Bei 200 °C rund 25 Minuten backen.	Messer TL Brett Gabel Waage Knoblauchpresse Schüssel Gabel Auflaufform Anrichtebesteck/-geschirr

Unterrichtshinweise: Gyrosauflauf

Zeitangabe ⏱⏱ **Kosten** €€€

Ernährungsinfos

Allergierisiken: Gluten, Milchprodukte

Enthält Schweinefleisch

Wenn Sie glutenfreie Nudeln gleicher Größe finden, dann kann man einen Versuch wagen. Die Kritharaki werden vor der Zubereitung nicht gekocht und garen im Auflauf mit. Daher wären zu große Nudeln ungeeignet.
Den Schmand können Sie gegen eine laktosefreie Variante eintauschen.
Wenn Sie auf Schweinefleisch verzichten wollen, dann nehmen Sie Geflügelgeschnetzeltes, vermischen dieses mit Öl und Gyrosgewürz und verwenden es wie fertig gekauftes Gyrosgeschnetzeltes.

Das Rezept im Unterricht

Passende unterrichtliche Themen:
- Internationale Küche
- Aufwertung von Convenience-Produkten

Die Vorbereitung des Auflaufs geht schnell, dafür ist die Garzeit relativ lang. Nutzen Sie diese Zeit für Theorieunterricht.

Da das vorgewürzte Gyros meist sehr kräftig abgeschmeckt ist, reicht eine kleine Prise Salz für einen ausgewogenen Geschmack des fertigen Auflaufs meistens aus. Wenn die Schüler das Fleisch selbst würzen, müssen sie, je nachdem wie kräftig sie das Fleisch würzen wollen, eventuell etwas mehr Salz hinzugeben.

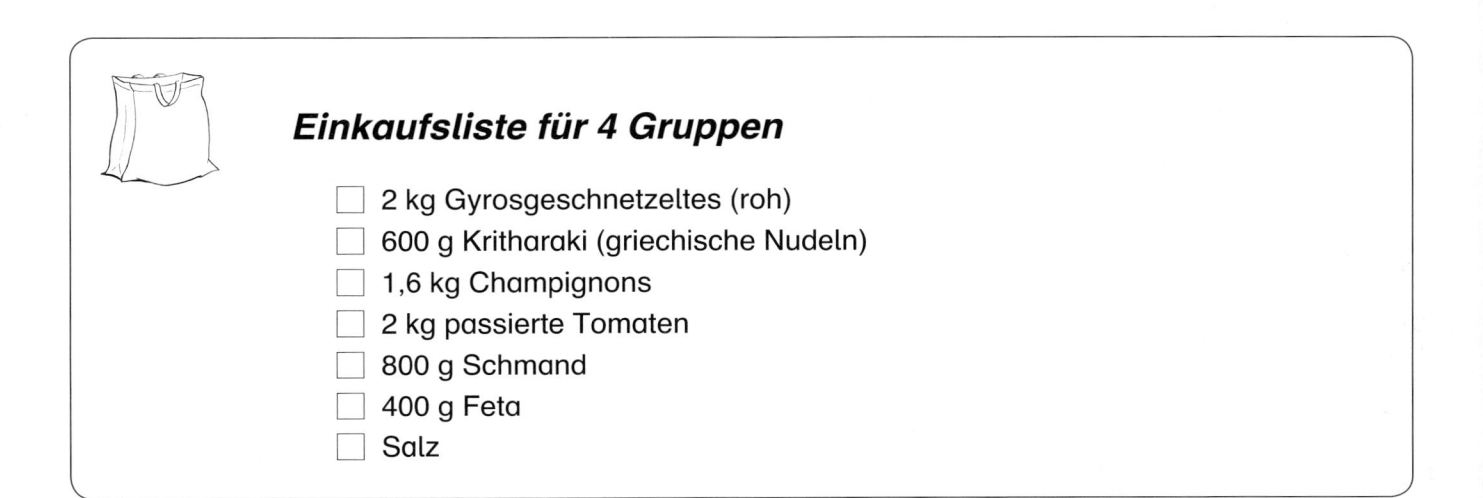

Einkaufsliste für 4 Gruppen

- ☐ 2 kg Gyrosgeschnetzeltes (roh)
- ☐ 600 g Kritharaki (griechische Nudeln)
- ☐ 1,6 kg Champignons
- ☐ 2 kg passierte Tomaten
- ☐ 800 g Schmand
- ☐ 400 g Feta
- ☐ Salz

Name: _____ Datum: _____

Gyrosauflauf

4 Portionen	Zutaten	Arbeitsschritte	Geräte
500 g 150 g 400 g 500 g 1 Pr. 200 g 100 g	Gyrosgeschnetzeltes (roh) Kritharaki (griechische Nudeln) Champignons passierte Tomaten Salz Schmand Feta	• Backofen auf 200 °C Ober- und Unterhitze vorheizen. • Champignons putzen und in Scheiben schneiden. • In einer Schüssel das rohe Gyrosfleisch, die rohen Nudeln, die Champignons und die passierten Tomaten mit 1 Prise Salz mischen. Die Mischung in eine Auflaufform geben. • Den Schmand auf der Mischung verteilen, dann den Fetakäse mit den Händen zerkrümeln und ebenfalls auf dem Auflauf verteilen. • 45 Minuten backen.	Brett Messer Abfallschale Waage Schüssel 2 EL Auflaufform Anrichtebesteck/-geschirr

Unterrichtshinweise: Herzhafte Blätterteigstangen

Zeitangabe   *Kosten*

Ernährungsinfos

Allergierisiken: Gluten, Milchprodukte

Blätterteig gibt es auch als gluten- und laktosefreie Variante zu kaufen.
Emmentaler gilt als annähernd laktosefrei. Wer komplett auf Laktose verzichten muss, kann auf laktosefreien Käse zurückgreifen.

Das Rezept im Unterricht

Passende unterrichtliche Themen:
- Grundtechniken (Blätterteig verarbeiten)
- Physikalische Teiglockerung
- Pausenverkauf

Eine Internetrecherche zum Thema Blätterteig in der Stunde oder als Hausaufgabe bietet sich an, da die Zubereitung von „richtigem" Blätterteig den Rahmen bildet. Wenn man weiß, wie Blätterteig hergestellt wird, weiß man auch besser, wie man mit ihm umgehen muss.

Blätterteig besteht aus mehreren hauchdünnen Lagen Teig und Fett im Wechsel. Durch mehrfaches Ausrollen und Falten hat der fertige Teig hauchdünne Schichten. Während des Backvorgangs verdampft das Wasser im eingearbeiteten Fett. Der aufsteigende Wasserdampf kann wegen der vielen Teigschichten nicht entweichen und treibt dadurch den Teig nach oben.

Damit dieses jedoch funktioniert, darf Blätterteig nicht geknetet werden, da dadurch die Lagen zerstört werden. Eine Schale Wasser im Backofen sorgt dafür, dass der Teig nicht zu schnell aushärtet und sich dadurch noch besser ausdehnt.

Alternative Zubereitung

- Schinken-Käse-Stangen: Statt Saaten Schinkenwürfel aufstreuen.
- Chilistangen: Statt Saaten fein geschnittene Chilischote aufstreuen.
- Zwiebelstangen: ½ Becher Schmand mit ½ Beutel Zwiebelsuppenpulver verrühren. 2 Blätterteigscheiben mit der Masse bestreichen und mit den 2 anderen Blätterteigstangen belegen. In Streifen schneiden und diese zu Spiralen drehen.

Einkaufsliste für 4 Gruppen

- ☐ 16 Scheiben Blätterteig (3 Packungen TK-Blätterteig à 450g)
- ☐ 4 Eier
- ☐ 400 g geriebener Emmentaler
- ☐ Saaten nach Wunsch (Sesam, Mohn, Kürbiskerne, Mischung)

Name: _____ Datum: _____

Herzhafte Blätterteigstangen

4 Portionen	Zutaten	Arbeitsschritte	Geräte
4 Scheiben 1 100 g 1–2 EL	tiefgefrorener Blätterteig Ei geriebener Emmentaler Saaten nach Wahl	• Blätterteig auftauen lassen. • Backofen auf 220 °C Umluft vorheizen. • Ei trennen. • Blätterteig mit Eiweiß bestreichen. • Käse und Saaten aufstreuen. Belag vorsichtig andrücken. • Streifen in 1–2 cm breite Streifen schneiden und zu Spiralen drehen. • Spiralen auf ein mit Backpapier belegtes Backblech legen. • Eigelb mit 2 EL Wasser verquirlen, Stangen damit einstreichen. • 10–15 Minuten backen.	2 Tassen Backpinsel Waage EL Messer Backblech mit Backpapier Anrichtebesteck/-geschirr

Unterrichtshinweise: Kabanossi-Frischkäse-Taschen

Zeitangabe 🕐🕐🕐　　　　　　　　　　　　　　　　　　　　　　　*Kosten* €€

Ernährungsinfos

Allergierisiken: Gluten, Milchprodukte

Enthält Fleisch/Schweinefleisch

Statt Auszugsmehl kann man auch Vollkornmehl verwenden, jedoch muss dann eventuell etwas mehr Flüssigkeit an den Teig gegeben werden. Verwenden Sie, wenn nötig, glutenfreies Mehl.
Der Frischkäse und die Sahne können bei Bedarf gegen laktosefreie Produkte ausgetauscht werden.

Das Rezept im Unterricht

Passende unterrichtliche Themen:
- Fingerfood/Buffet
- Pausenverkauf

Der Teig ist relativ weich, daher braucht man etwas Fingerspitzengefühl bei der Verarbeitung. Fertig ausgerollt belohnt der Teig die Mühen durch hohe Elastizität.

Alternative Zubereitung

Man kann auch größere Taschen formen, indem man Kreise in Untertassengröße ausschneidet, die Füllung auf einer Hälfte verteilt und die andere hinüberklappt. Den Rand mit einer Gabel gut festdrücken. Die Backzeit ändert sich nicht.

Einkaufsliste für 4 Gruppen

- ☐ 1 kg Mehl
- ☐ 320 g Margarine
- ☐ 1,2 kg Frischkäse
- ☐ 4 TL Salz
- ☐ 600 g Kabanossi
- ☐ 4 Zwiebeln
- ☐ 1 Becher Sahne
- ☐ 8 TL Kräuter der Provence

Name: _____   Datum: _____

Kabanossi-Frischkäse-Taschen

4 Portionen	Zutaten	Arbeitsschritte	Geräte
250 g 80 g 100 g 50 ml 1 TL 2 TL	Mehl Margarine Frischkäse Wasser Salz Kräuter der Provence	• Alle Zutaten nach der All-in-Methode zu einem Teig verkneten. Stehen lassen, bis die Füllung fertig ist. • Backofen auf 180 °C Ober- und Unterhitze vorheizen.	Waage Messbecher TL Rührschüssel Handrührgerät mit Knethaken
150 g 200 g 3 EL 1	Kabanossi Frischkäse Sahne Zwiebel	• Frischkäse und Sahne mit einer Gabel verrühren. • Kabanossi und Zwiebel sehr klein würfeln und unter den Frischkäse mischen. • Die Arbeitsplatte mit Mehl bestreuen und den Teig 2–3 mm dick ausrollen. • Mit einem Glas Kreise ausstechen. Die Füllung in der Mitte eines Kreises verteilen, einen zweiten Kreis auflegen und den Rand mit einer Gabel festdrücken. Die Teigtaschen auf ein mit Backpapier ausgelegtes Backblech legen. • Die Taschen für 25 Minuten backen.	EL Schüssel Gabel Brett Messer Waage Nudelholz Glas Backblech mit Backpapier Anrichtebesteck/-geschirr

Tipps, damit der Teig nicht klebt:
• Den Teig direkt aus der Schüssel auf eine gut bemehlte Arbeitsfläche gleiten lassen.
• Mehrfach im Mehl wenden, dabei schon vorsichtig flach drücken.
• Beim Ausrollen immer wieder anheben, wenden und die Fläche unter dem Teig neu mit Mehl bestäuben.

Unterrichtshinweise: Kartoffelgratin

Zeitangabe ⏱⏱ *Kosten* €

Ernährungsinfos

Allergierisiken: Milchprodukte

Verwenden Sie bei Bedarf laktosefreie Milchprodukte.

Das Rezept im Unterricht

Passende unterrichtliche Themen:
- Kartoffeln
- Kochen für Gäste

Dieses sehr einfache Rezept kann auch mit Anfängern gut zubereitet werden. Um Zeit zu sparen, können Sie die Aufgabenkarten einsetzen. Verfahren Sie dabei wie in den Unterrichtshinweisen zum Rezept für das „Fladenbrot mit Hackfleisch".

1. Schritt	Einen kleinen Topf holen, 1 Becher Sahne hineinschütten.	Backofen vorheizen auf 220 °C. Kartoffelschäler und Hobel herausholen.	200 ml Milch (1 Sahnebecher) abmessen und mit in den Topf geben.	150 g Schmelzkäse abmessen. Zur Sahne in den Topf geben.
2. Schritt	Sahne-Milch-Käse-Mischung einmal kurz aufkochen lassen, dann weiterrühren, bis der Käse geschmolzen ist.	700 g Kartoffeln abwiegen und schälen.	Kartoffeln schälen und hobeln.	Auflaufformform mit Öl einpinseln.
3. Schritt	Soße mit Muskat, Salz und Pfeffer kräftig würzen. Abwaschen und aufräumen.	Kartoffeln in die Soße rühren. Die Mischung in die Auflaufform gießen. Abwaschen und aufräumen.	Auflauf auf einem Rost in den Ofen stellen. 30–40 Minuten backen. Abwaschen und aufräumen.	Abwaschwasser vorbereiten und mit dem Abwasch beginnen.

Einkaufsliste für 4 Gruppen

- ☐ 2,8 kg Kartoffeln
- ☐ 4 Becher Sahne
- ☐ 800 ml Milch
- ☐ 600 g Schmelzkäse
- ☐ Muskat, Salz, Pfeffer

Name: _____ Datum: _____

Kartoffelgratin

4 Portionen	Zutaten	Arbeitsschritte	Geräte
700 g 1 Becher 200 ml 150 g	Kartoffeln (festkochend) Sahne Milch Schmelzkäse Muskat, Salz, Pfeffer	• Backofen vorheizen auf 220 °C. • In einem großen Topf Sahne und Milch erhitzen, darin den Schmelzkäse schmelzen lassen. Kräftig würzen. (Die Kartoffeln nehmen viel Würze auf.) • Kartoffeln waschen, schälen und in dünne Scheiben hobeln. • Die Kartoffeln in die Soße im Topf einrühren. Masse in eine Auflaufform geben.	großer Topf Rührlöffel Sparschäler Hobel Auflaufform
		• Backblech mit Backpapier auslegen und die Auflaufform daraufstellen (falls etwas überläuft). • 30–40 Minuten backen.	Backblech mit Backpapier Anrichtebesteck/-geschirr

Zum Abmessen der Milch benötigt man keinen Messbecher. Einfach den leeren Sahnebecher als Messhilfe nehmen!

Unterrichtshinweise: Kastenbrot

Zeitangabe ⏱⏱⏱   **Kosten** €

Ernährungsinfos

Allergierisiken: Gluten

Der Geschmack und die Konsistenz des Brotes ändern sich erheblich, wenn man glutenfreies Mehl verwendet. Ob das Brot hiermit ebenso gut gelingt, müsste ausprobiert werden.

Das Rezept im Unterricht

Passende unterrichtliche Themen:
- Teiglockerung mit Hefe
- Vollwerternährung

Alternative Zubereitung

Alternativ kann man auch Weizenvollkornmehl verwenden. Kürbiskerne und Sesam eignen sich sehr gut.

Vielleicht möchten Sie mit Ihren Schülern auch schnell ein kerniges Brot ohne Hefe backen?

Haferbrot

500 g Haferflocken, 500 g Quark, 3 Eier, 1 TL Salz und 2 Päckchen Backpulver verkneten und die Mischung in eine gefettete Kastenform geben. Eine Stunde im vorgeheizten Ofen bei 180 °C Ober- und Unterhitze backen. Vor dem Anschneiden komplett auskühlen lassen.

Einkaufsliste für 4 Gruppen

- ☐ 4 Würfel Frischhefe
- ☐ 2 kg Dinkelvollkornmehl
- ☐ 320 g Sonnenblumenkerne
- ☐ 240 g Leinsamen
- ☐ 8 TL Salz
- ☐ 8 EL Essig

Kastenbrot

1 Kastenform	Zutaten	Arbeitsschritte	Geräte
1 Würfel 450 ml 500 g 80 g 60 g 2 TL 2 EL	Frischhefe lauwarmes Wasser Dinkelvollkornmehl Sonnenblumenkerne Leinsamen Salz Essig	• Die Hefe in dem lauwarmen Wasser auflösen. • Alle anderen Zutaten zugeben und alles etwa 2 Minuten mit den Knethaken des Handrührgerätes gründlich durchkneten. Der Teig bleibt recht flüssig. • Eine Kastenform gründlich einfetten, den Teig hineinfüllen. • In den kalten Ofen schieben und bei 200 °C Ober- und Unterhitze für 60 Minuten backen. Stäbchenprobe machen, wenn nötig die Backzeit verlängern.	Messbecher Schüssel TL EL Handrührgerät mit Knethaken Kastenform evtl. 1 Holzstäbchen

Unterrichtshinweise: Käsekuchen

Zeitangabe ⏱⏱⏱   **Kosten** €

Ernährungsinfos

Allergierisiken: Gluten, Milchprodukte

Die Milchprodukte können durch laktosefreie Produkte ersetzt werden.
Weizengrieß enthält Gluten. Man könnte theoretisch auf Maisgrieß zurückgreifen, da dieser glutenfrei ist. Da dies nicht ausprobiert wurde, können keine verlässlichen Werte über die Mengen oder die Garzeit angegeben werden.

Das Rezept im Unterricht

Passende unterrichtliche Themen:
- Grundrezepte
- Kaffeetafel

Alternative Zubereitung

Alternativ kann man auch Kirschen oder eingeweichte Rosinen in den Teig geben.
Die Mandarinen können auch weggelassen werden.
Wer keine Frucht im Teig, aber auf dem Kuchen haben möchte, der kann Früchte auf dem Kuchen verteilen und einen Tortenguss darübergeben.

In gut gefetteten und mit Grieß ausgestreuten Muffinförmchen kann man auch Muffins aus dem Teig backen. Es wird dann nur die halbe Teigmenge zubereitet; die Backzeit reduziert sich auf 20 Minuten plus 10 Minuten Wartezeit im ausgeschalteten Backofen. Aus dem halben Rezept lassen sich etwa 12 Muffins backen, welche allerdings nicht die für Muffins typische voluminöse Form behalten, sondern zu flacheren Käsekuchentalern zusammenfallen.

Einkaufsliste für 4 Gruppen

- ☐ 1 kg Butter
- ☐ 16 Eier
- ☐ 4 Zitronen
- ☐ 800 g Zucker
- ☐ 500 g Grieß (Weichweizengrieß)
- ☐ 4 Packungen Vanillepuddingpulver
- ☐ 4 kg Magerquark
- ☐ 4 Dosen Mandarinen
- ☐ 4 Päckchen Backpulver

Name: _____ Datum: _____

Käsekuchen

1 Springform	Zutaten	Arbeitsschritte	Geräte
1 250 g 4 200 g 125 g 2 TL 1 Pck. 1 kg 1 Dose	Zitrone weiche Butter Eier Zucker Grieß Backpulver Vanillepuddingpulver Quark Mandarinen Fett und Grieß für die Form	• Backofen auf 180 °C Umluft aufheizen. • Zitrone auspressen. • Die Butter in einer großen Schüssel mit Zucker und Eiern aufschlagen. • Grieß, Backpulver und Puddingpulver unterrühren. • Quark und Zitronensaft einrühren. • Mandarinen abtropfen lassen und vorsichtig untermischen. • Springformboden mit Backpapier auslegen, Springformrand einfetten und mit Grieß bestreuen. Die Masse einfüllen und bei 180 °C Umluft für 40 Minuten backen.	Zitronenpresse Waage Schüssel Handrührgerät mit Rührbesen Sieb Springform mit Backpapier Teigschaber
		• Backofen ausschalten, aber nicht öffnen. Den Kuchen für weitere 20 Minuten im Ofen stehen lassen. • Dann den Kuchen aus dem Ofen holen und aus der Form lösen.	Anrichtebesteck/-geschirr

Denise Reinholdt: Küchenpraxis: 52 schultaugliche Backofenrezepte
© Persen Verlag

Unterrichtshinweise: Kirschtaschen und Apfeltaschen

Zeitangabe 🕐   *Kosten* €

Ernährungsinfos

Allergierisiken: Gluten, Laktose

Es gibt in gut sortierten Supermärkten auch gluten- und laktosefreien Blätterteig.
Das Mehl bei der Apfelfüllung kann man einfach durch Stärke aus Kartoffeln ersetzen.

Das Rezept im Unterricht

Passende unterrichtliche Themen:
- Blätterteig
- Physikalische Teiglockerung
- Pausenverkauf

Alternative Zubereitung

Wie wäre es stattdessen mit herzhaften Schinken-Käse-Taschen? Pro Tasche ½ Scheibe Kochschinken und 1 Scheibe Scheiblettenkäse würfeln und in den Blätterteig einfüllen.

Einkaufsliste für 4 Gruppen

Kirschtaschen
- ☐ 16 Scheiben TK-Blätterteig (3 Packungen à 450 g)
- ☐ 4 Eier
- ☐ 2 Gläser Sauerkirschen
- ☐ 4 TL Zucker
- ☐ Zimt
- ☐ Puderzucker (zum Bestäuben)

Apfeltaschen
- ☐ 16 Scheiben TK-Blätterteig (3 Packungen à 450 g)
- ☐ 4 Eier
- ☐ 4 Äpfel
- ☐ 4 TL Zitronensaft
- ☐ 4 TL Mehl
- ☐ 8 EL Zucker
- ☐ Zimt

Denise Reinholdt: Küchenpraxis: 52 schultaugliche Backofenrezepte
© Persen Verlag

Name: _____   Datum: _____

Kirschtaschen

4 Stück	Zutaten	1 Stück	Arbeitsschritte	Geräte
4 Scheiben ½ Glas 1 TL Pr. 1	TK-Blätterteig Sauerkirschen Zucker Zimt Ei	1 Scheibe 5 Pr. Pr. ¼	● Blätterteigscheiben auftauen lassen. Den Backofen auf 200 °C Ober- und Unterhitze vorheizen. ● Kirschen abgießen und mit Zucker und Zimt vermischen. ● Das Ei trennen. Eigelb mit 1 EL Wasser verquirlen.	Sieb TL Rührlöffel Schüssel 2 kleine Schälchen Schneebesen
			● Den Rand der Blätterteigscheiben mit Eiweiß einpinseln, dann auf einer Hälfte mittig die Kirschen verteilen. ● Die andere Teighälfte hinüberklappen und die Teigränder mit einer Gabel aufeinanderdrücken. ● Das Eigelb mit 1 EL Wasser verquirlen und die Taschen damit einpinseln. Die Oberseite etwas einritzen, damit Dampf entweichen kann.	Backpinsel Gabel Backblech mit Backpapier Schneidebrett Kochmesser
	Puderzucker (zum Bestäuben)		● Die Kirschtaschen 15–20 Minuten backen. ● Vor dem Servieren mit Puderzucker bestäuben.	Anrichtebesteck/-geschirr

Apfeltaschen

4 Stück	Zutaten	1 Stück	Arbeitsschritte	Geräte
4 Scheiben 1 1 TL 2 EL 1 TL Pr. 1	TK-Blätterteig Apfel Zitronensaft Zucker Mehl Zimt Ei	1 Scheibe ¼ etwas 1 TL 1 Msp. Pr. ¼	Genau wie die Kirschtaschen zubereiten, nur die Füllung ist eine andere: ● Den Apfel waschen und grob raspeln. ● In einer Schüssel Mehl, Zucker, Zimtpulver, Zitronensaft und den geraspelten Apfel vermischen.	Schneidebrett Messer Sparschäler Raspel Rührschüssel EL TL Schneebesen 2 kleine Schälchen Schneebesen Backpinsel Gabel Backblech mit Backpapier Schneidebrett Kochmesser Anrichtebesteck/-geschirr

Unterrichtshinweise: Kokoskuchen

Zeitangabe ⏱️⏱️   **Kosten** €

Ernährungsinfos

Allergierisiken: Gluten, Milchprodukte

Statt Auszugsmehl kann man auch Vollkornmehl verwenden, jedoch muss dann eventuell etwas mehr Flüssigkeit an den Teig gegeben werden. Verwenden Sie, wenn nötig, glutenfreies Mehl und/oder laktosefreie Milch.

Das Rezept im Unterricht

Passende unterrichtliche Themen:
- Grundrezepte (Rührteig)
- Teiglockerung mit Backpulver
- Kaffeetafel

Alternative Zubereitung

Statt Margarine kann für den Teig natürlich auch Butter verwendet werden. Diese muss aber rechtzeitig aus der Kühlung genommen werden, damit man sie bei der Zubereitung des Rührteigs gut aufschlagen kann.

Wer keine Kokosraspel mag, ersetzt diese durch Mandelblättchen oder gehackte Mandeln. Aus dieser Variante kann man einen schnellen Bienenstich zubereiten. Hierzu bereitet man blitzschnell einen Vanillepudding zum Schlagen (nicht zum Kochen!) mit Sahne statt Milch zu, schneidet den Kuchen auf und füllt ihn mit dieser Creme.

Nur mit Zucker und Margarine erhält man einen schnellen Zuckerkuchen.

Einkaufsliste für 4 Gruppen

- ☐ 1,4 kg Margarine
- ☐ 1,4 kg Zucker
- ☐ 400 g Kokosraspel
- ☐ 8 Päckchen Vanillezucker
- ☐ 16 Eier
- ☐ 2 kg Mehl
- ☐ 4 Päckchen Backpulver
- ☐ 500 ml Milch

| Name: | Datum: |

Kokoskuchen

1 Blech	Zutaten	Arbeitsschritte	Geräte
250 g 250 g 1 Pck. 4 500 g 1 Pck. 125 ml	Margarine Zucker Vanillezucker Eier Mehl Backpulver Milch	● Backofen auf 200 °C Ober- und Unterhitze aufheizen. ● Margarine schaumig rühren. ● Zucker und Vanillezucker einrieseln lassen und rühren, bis es nicht mehr knirscht. ● Eier zugeben und schaumig rühren. Milch einrühren. ● Mehl und Backpulver mischen, Mehl in die Teigmasse sieben und unterrühren. ● Backblech mit Backpapier auslegen, den Teig darauf verstreichen.	Waage Auswiegeschälchen Messbecher Rührschüssel Handrührgerät mit Rührbesen Sieb Messer Backblech mit Backpapier
100 g 100 g 1 Pck. 100 g	Zucker Kokosraspel Vanillezucker Margarine	● Restlichen Zucker, Kokosflocken und Vanillezucker vermischen. Gleichmäßig auf den Teig streuen. ● Restliche Margarine in kleinen Flöckchen auf dem Kuchen verteilen. ● Kuchen für ca. 25 Minuten goldgelb backen. Wenn nötig, mit Alufolie abdecken, damit er nicht verbrennt.	Rührschüssel Messbecher EL evtl. Alufolie Anrichtebesteck/-geschirr

Unterrichtshinweise: La Flute

Zeitangabe *Kosten*

Ernährungsinfos

Allergierisiken: Gluten, Milchprodukte

Verwenden Sie glutenfreie Baguettes für Allergiker.
Halbhartkäse wie der verwendete Gouda gelten als sehr laktosearm. Wer aber ganz auf Laktose verzichten und auf der sicheren Seite sein will, kauft laktosefreien Schnittkäse.

Das Rezept im Unterricht

Passende unterrichtliche Themen:
- Internationale Küche
- Pausenverkauf

Croque Hawaii

5 EL Mayonnaise, 100 g Frischkäse, 1 TL Currypulver, etwas Salz und Pfeffer verrühren. 4 Baguettebrötchen quer halbieren und beide Seiten mit der Creme bestreichen. Auf die Unterseiten erst jeweils 2 Scheiben Kochschinken, dann einige Ananasstückchen und dann jeweils 2 Scheiben Käse legen. Baguetteoberseite auflegen. 10–15 Minuten im vorgeheizten Ofen bei 200 °C Ober- und Unterhitze backen.

Einkaufsliste für 4 Gruppen

- [ ] 16 Baguettebrötchen
- [ ] 200 g Butter
- [ ] 48 Scheiben Baguettesalami
- [ ] 16 Tomaten
- [ ] 4 Zwiebeln
- [ ] 16 Scheiben Gouda
- [ ] Oregano

Name: _____   Datum: _____

La Flute

4 Portionen	Zutaten	Arbeitsschritte	Geräte
4 50 g 12 Scheiben 4 1	Baguettebrötchen Butter Baguettesalami Tomaten Zwiebel	• Backofen vorheizen auf 200 °C Ober- und Unterhitze. • Brötchen halbieren und beide Hälften mit Butter bestreichen. • Tomaten und Zwiebeln in dünne Scheiben schneiden.	Brotmesser Waage Tafelmesser Tomaten- oder Steakmesser
4 Scheiben	Gouda Oregano	• Auf die untere Hälfte Salamischeiben legen, darauf die Tomatenscheiben und Zwiebelringe. Mit Oregano würzen. • Auf die obere Baguettehälfte den Käse legen. • Beide Baguettehälften 10 Minuten backen. Zusammengeklappt servieren.	Backblech mit Backpapier Anrichtebesteck/-geschirr

Man kann die Baguettehälften statt mit Butter auch mit Frischkäse bestreichen. Wenn man ein La Flute um eine Soße und vielleicht nach dem Backen um etwas frischen Salat ergänzt, dann spricht man von einem Croque.

Unterrichtshinweise: Muffins

Zeitangabe ⏱ ⏱   *Kosten* € € €

Ernährungsinfos

Allergierisiken: Gluten, Milchprodukte

Statt Auszugsmehl kann man auch Vollkornmehl verwenden, jedoch muss dann eventuell etwas mehr Flüssigkeit an den Teig gegeben werden. Verwenden Sie, wenn nötig, glutenfreies Mehl und laktosefreie Milchprodukte.

Das Rezept im Unterricht

Passende unterrichtliche Themen:
- Grundrezepte (Rührteig)
- Kaffeetafel/Pausenverkauf
- Kohlenhydrate/Zucker
- Resteverwertung (reife Bananen)
- Wiegen und Messen

Alternative Zubereitung

Wenn man frische Himbeeren verwendet, dann sollten diese im Idealfall auch gefrostet werden, da sie sonst beim Unterarbeiten völlig zerdrückt werden.

Die Bananen-Muffins mit Schokotropfen gehen noch schneller von der Hand, wenn man die Bananen im Universalzerkleinerer püriert. Ein Schokoüberzug passt perfekt. Keine Lust auf ein klassisches Wasserbad? Dann probieren Sie diese Tipps:

Schokoladenglasur aus der Mikrowelle

½ Tafel (50 g) Schokolade in Stückchen brechen und mit 1 EL Öl in eine mikrowellengeeignete Schüssel geben. Je nach Leistung der Mikrowelle 30 Sekunden bis 1 Minute erhitzen, gut durchrühren und in kurzen Intervallen weiter erhitzen, bis die Schokolade zu schmelzen beginnt. Dann rühren, bis die Masse glatt ist. Nicht zu lange erhitzen, sonst verbrennt die Schokolade!

Schokoladenglasur im Wasserbadbeutel

½ Tafel (50 g) Schokolade in Stückchen brechen und mit 1 EL Öl in einen kleinen Gefrierbeutel geben, Beutel zuknoten. Heißes Wasser in eine kleine Schüssel füllen. Den Beutel für 5 Minuten hineinlegen. Herausholen, durchkneten und, wenn nötig, weiter ins Wasser legen. Zum Verzieren den Beutel gut abtrocknen, dann mit einer Schere eine Ecke abschneiden und den Guss auf den Muffins verteilen.

Einkaufsliste für 4 Gruppen

Frischkäse-Himbeer-Muffins
- ☐ 8 Eier
- ☐ 500 g Zucker
- ☐ 400 g Frischkäse
- ☐ 660 g Mehl
- ☐ 2 Päckchen Backpulver
- ☐ 500 g Himbeeren (TK)
- ☐ 1 Stück Butter (250 g)

Bananenmuffins mit Schokotropfen
- ☐ 12 reife Bananen
- ☐ 8 Eier
- ☐ 240 g Zucker
- ☐ 16 EL Öl (geschmacksneutral, z. B. Sonnenblumenöl)
- ☐ 600 g Mehl
- ☐ 4 Päckchen Backpulver
- ☐ 320 g Schokotropfen

Schokomuffins
- ☐ 1,5 kg Mehl
- ☐ 1 kg Zucker
- ☐ 8 Eier
- ☐ 1 Flasche Öl (geschmacksneutral, z. B. Sonnenblumenöl)
- ☐ 1 Packung Kakaopulver (zum Backen, nicht Instant)
- ☐ 2 Päckchen Backpulver

Denise Reinholdt: Küchenpraxis: 52 schultaugliche Backofenrezepte
© Persen Verlag

Name: _____   Datum: _____

Frischkäse-Himbeer-Muffins

8 Stück	Zutaten	Arbeitsschritte	Geräte
2	Eier	• Backofen auf 180 °C Umluft vorheizen.	Waage
125 g	Zucker	• Butter in einem Topf schmelzen. Von der Platte ziehen.	EL
100 g	Frischkäse	• Zucker und Eier mit dem Handrührgerät schaumig aufschlagen.	Topf
165 g	Mehl	• Den Frischkäse und die flüssige Butter unterrühren.	Auswiegeschale
½ Pck.	Backpulver	• Mehl und Backpulver mischen und unterrühren.	Rührschüssel
¼ Stück (62,5 g)	Butter	• Die gefrorenen Himbeeren unterrühren.	Handrührgerät mit Rührbesen
125 g	Himbeeren (TK)	• Muffinform mit Papierförmchen auskleiden, zu ⅔ mit Teig befüllen, für 20 Minuten backen.	Muffinblech Papier-Muffinförmchen Anrichtebesteck/-geschirr

Bananenmuffins mit Schokotropfen

8 Stück	Zutaten	Arbeitsschritte	Geräte
3	reife Bananen	• Backofen auf 180 °C Umluft vorheizen.	Teller
2	Eier	• Bananen auf einem Teller mit einer Gabel zerdrücken.	Gabel
60 g	Zucker	• Eier, Zucker und Öl aufschlagen, dann die Bananenmasse dazugeben und durchrühren, bis es ein einheitlicher Teig ist.	Waage
4 EL	Öl	• Mehl und Backpulver mischen und ebenfalls unterrühren.	Auswiegeschale
150 g	Mehl	• Schokotropfen untermischen.	EL
2 TL	Backpulver	• Muffinform mit Papierförmchen auskleiden, zu ⅔ mit Teig befüllen, für 20 Minuten bei 180 °C Umluft backen.	TL
80 g	Schokotropfen		Rührschüssel Handrührgerät mit Rührbesen Muffinblech Papier-Muffinförmchen Anrichtebesteck/-geschirr

Schokomuffins

12 Stück	Zutaten	Arbeitsschritte	Geräte
2 Tassen	Mehl	• Backofen auf 180 °C Umluft vorheizen.	Tasse
1 Tasse	Zucker	• Alle Zutaten nach der All-in-Methode vermengen.	TL
1 Tasse	Öl	• Muffinform mit Papierförmchen auskleiden, zu ⅔ mit Teig befüllen, für 15–20 Minuten backen.	Rührschüssel
1 Tasse	heißes Wasser		Handrührgerät mit Rührbesen
½ Tasse	Kakaopulver		Muffinblech
2	Eier		Papier-Muffinförmchen
1 TL	Backpulver		Anrichtebesteck/-geschirr

Mürbeteig, süß und herzhaft

Zeitangabe ⏱⏱⏱   **Kosten** € € €

Ernährungsinfos

Allergierisiken: Nüsse, Gluten, Milchprodukte

Der Einsatz von glutenfreiem Mehl oder Butterersatz ist sinnvoll, wenn es in der Klasse Allergiker gibt. Nüsse können bei den Vanillekipferln jedoch leider nur schlecht weggelassen werden. Jedoch vertragen einige Nussallergiker Mandeln, da sie botanisch keine Nüsse sind – fragen Sie nach! Statt Auszugsmehl kann man auch Vollkornmehl verwenden, jedoch sollten dann 2 EL kaltes Wasser zugegeben werden.
Für die Vanillekipferl werden nur Eigelbe benötigt. Beim Rezept für den Zwetschgenkuchen finden Sie Vorschläge für die Verwendung von Eiweiß.

Weisen Sie die Schüler darauf hin, dass Kekse eine Näscherei sind und nicht die Basis der Ernährung bilden dürfen!

Das Rezept im Unterricht

Passende unterrichtliche Themen:
- Grundrezepte (Mürbeteig)
- Saisonale Küche

Der Grundmürbeteig richtet sich nach folgender Regel:
1 : 2 : 3 **Z**um **F**einen **M**ürbeteig
1 Gewichtsanteil **Z**ucker : 2 Gewichtsanteile **F**ett (Butter) : 3 Gewichtsanteile **M**ehl

Mürbeteig muss vor dem Backen gut gekühlt sein, da er sonst eine ganz andere Konsistenz bekommt als gewollt. Backen Sie mit den Schülern zum Vergleich einen Keks aus einem weichen, handwarmen Teigstück und einen Keks aus gekühltem Mürbeteig. Der Unterschied ist deutlich erkennbar. Besonders gut geht dies bei den Kipferln. Sie sind, wenn sie warm gebacken sind, viel poröser und sehen auch weniger schön aus.
Wenn man den Teig mit einem Handrührgerät knetet, muss man meistens noch einmal mit der Hand durchgehen. Der geknetete Teig sieht eher aus wie Streusel, wird dann aber schnell homogen.
Lassen Sie ruhig eine Schülergruppe mit elektrischem Handrührgerät gegen eine Gruppe ohne antreten. Das Handrührgerät ist bei der Verarbeitung von kalter Butter nicht unbedingt von Vorteil!

Mürbeteig per Hand zubereiten

Mehl und die gemahlenen Mandeln mischen und auf ein Backbrett geben. In die Mitte eine Vertiefung drücken und den Zucker hineingeben. Die Eigelbe in der Vertiefung auf den Zucker geben. Die Butter in kleinen Stückchen auf dem Rand verteilen. Die Zutaten von der Mitte angefangen miteinander verrühren. Mit einem langen, schweren Messer gut durchhacken, bis alles vermischt ist. Den Teig mit den Handballen schnell durchkneten. Aus dem Teig eine Rolle formen, in Folie gewickelt 20–30 Minuten kalt stellen.

Einkaufsliste für 4 Gruppen

Mürbeteig Grundrezept
- ☐ 240 g Zucker
- ☐ 480 g Butter
- ☐ 720 g Mehl

Zusätzlich für Orangenplätzchen
- ☐ 800 g Puderzucker
- ☐ 1 kg Butter
- ☐ 4 Orangen, unbehandelt
- ☐ 1,5 kg Mehl

Zusätzlich für Vanillekipferl
- ☐ 1 kg Mehl
- ☐ 500 g gemahlene Mandeln
- ☐ 400 g Zucker
- ☐ 4 Päckchen Vanillezucker
- ☐ 800 g Butter
- ☐ 12 Eigelbe
- ☐ 1 Packung Puderzucker
- ☐ Salz

Zusätzlich für Käsecracker
- ☐ 500 g geriebener Emmentaler
- ☐ 600 g Mehl
- ☐ 400 g Butter
- ☐ 4 Eigelbe
- ☐ 50 ml Milch
- ☐ 8 EL Sesamsaat
- ☐ Salz

Name: _____   Datum: _____

Mürbeteig Grundrezept

Zutaten		Arbeitsschritte	Geräte
60 g	Zucker	• Alle Zutaten mit dem Handrührgerät zu einem Mürbeteig kneten. Dann von Hand noch einmal schnell durchkneten, damit der Teig sich gut verbindet.	Waage
120 g	Butter	• Etwas platt drücken und in Frischhaltefolie einschlagen.	Rührschüssel
180 g	Mehl	• 20–30 Minuten kühl stellen und dann nach Wunsch weiterverarbeiten.	Handrührgerät mit Knethaken
			Frischhaltefolie

Aus diesem Grundrezept lassen sich Mürbeteigkekse herstellen. Hierfür den Teig ausrollen, Kekse ausstechen, mit Eiweiß einpinseln und mit bunten Zuckerperlen bestreuen. Bei 180 °C Ober- und Unterhitze für ca. 10 Minuten backen.

Alternativ kann man Tortenböden für Mini-Erdbeertörtchen daraus formen. Dafür den Teig ausrollen und dann mit einer Untertasse oder kleinen Schale vier Tortenböden ausschneiden. Teig etwas länger als im Keksrezept backen. Die Böden mit Bananenscheiben und Erdbeeren belegen und mit Tortenguss überziehen.

Orangenplätzchen (süßer Mürbeteig)

40 Stück	Zutaten		Arbeitsschritte	Geräte
120 g	Puderzucker		• Orange heiß abwaschen und mit einer feinen Reibe Schale abreiben. Orange auspressen.	Reibe
250 g	Butter		• Aus Mehl, Puderzucker, Butter, Salz, 1 TL Orangenschale und 2 EL Orangensaft einen Mürbeteig herstellen.	Messer
Pr.	Salz		• Mürbeteig zu einer Rolle formen, in Frischhaltefolie einschlagen und für 10 Minuten in den Gefrierschrank legen.	Zitronenpresse
1	Orange (unbehandelt)		• Den Backofen auf 180 °C Ober- und Unterhitze vorheizen. Backblech mit Backpapier belegen.	Waage
375 g	Mehl		• Kalte Teigrolle aus dem Kühlschrank holen. 0,5 cm dicke Scheiben abschneiden und nebeneinander auf das Backblech legen.	TL
			• Die Kekse 12 Minuten backen.	EL
				Schüssel
				Handrührgerät mit Knethaken
				Frischhaltefolie
				Backblech mit Backpapier
				Messer
1–2 EL	Orangensaft		• Aus Orangensaft und Puderzucker einen Guss anrühren und auf die noch heißen Kekse streichen.	EL Schneebesen
80 g	Puderzucker			Waage Backpinsel
				Schüssel

Name: _____ Datum: _____

Vanillekipferl (süßer Mürbeteig)

100 Stück	Zutaten	Arbeitsschritte	Geräte
250 g 125 g 100 g 1 Pck. 1 Pr. 3 200 g	Mehl gemahlene Mandeln Zucker Vanillezucker Salz Eigelb kalte Butter	• Alle Zutaten in die Rührschüssel geben. Mit den Knethaken durcharbeiten. • Den Teig mit den Handballen schnell durchkneten. • Aus dem Teig eine Rolle formen, in Folie gewickelt 20–30 Minuten kalt stellen.	Rührschüssel Handrührgerät mit Knethaken Backbrett Folie
		• Von der Rolle kleine Stücke abschneiden, Kipferl formen. • Kipferl auf ein mit Backpapier ausgelegtes Blech legen. • 10 Minuten bei 170 °C Umluft backen (190 °C bei Ober-/Unterhitze)	Backbrett Messer Backblech mit Backpapier
	Puderzucker	• Die heißen Kipferl mit Puderzucker bestäuben.	Sieb

Käsecracker (herzhafter Mürbeteig)

4 Portionen	Zutaten	Arbeitsschritte	Geräte
125 g 150 g 100 g ½ TL	geriebener Emmentaler Mehl Butter Salz	• Emmentaler mit Mehl und Salz mischen. • Die Butter in Flöckchen auf dem Teig verteilen und von Hand einen Mürbeteig herstellen. • Teig etwas platt drücken und in Frischhaltefolie einschlagen. • 20 Minuten kühl stellen.	Waage TL Frischhaltefolie
		• Teig zwischen zwei Lagen Backpapier 3 mm dick ausrollen und weitere 10 Minuten kühl stellen.	Backpapier Nudelholz
1 1 EL 2 EL	Eigelb Milch Sesam	• Eigelb und Milch verquirlen. Mischung auf der Teigplatte verstreichen. • Mit Sesam bestreuen. • Die Teigplatte 12 Minuten bei 180 °C Umluft backen. • Sofort nach dem Backen die heiße Teigplatte mit dem Pizzaroller in Rauten schneiden. Cracker abkühlen lassen.	EL Gabel Backpinsel Pizzaroller

Dieses Rezept kann man mit weiteren Gewürzen, Gewürzmischungen (z. B. Pizzagewürz oder Gyrosgewürz) und Kräutern nach Wunsch variieren.

Denise Reinholdt: Küchenpraxis: 52 schultaugliche Backofenrezepte
© Persen Verlag

Nudelauflauf mit Brokkoli und Hackfleisch

Zeitangabe ⏱⏱⏱	**Kosten** €€

Ernährungsinfos

Allergierisiken: Gluten, Milchprodukte

Enthält Fleisch

Ersetzen Sie bei Bedarf die Nudeln durch glutenfreie Pasta. Der Auflauf schmeckt auch mit Vollkornnudeln sehr gut.
Die Milchprodukte können laktosefrei sein oder (bis auf den Gratinierkäse) durch Sojaprodukte ersetzt werden.
Wer ganz auf Fleisch verzichten möchte, kann Sojahack probieren.
Das Hack kann gemischt, rein vom Schwein oder rein vom Rind sein. Geflügelhack ist grundsätzlich auch möglich, für dieses Rezept aber etwas zu dezent im Geschmack.

Das Rezept im Unterricht

Passende unterrichtliche Themen:
- Saisonale Küche
- Kochen für Gäste
- Der Backofen

Alternative Zubereitung

Man kann Tiefkühlbrokkoli verwenden oder – wenn man es etwas bunter haben möchte – eine Kaisergemüse-Mischung verwenden.

Einkaufsliste für 4 Gruppen

- ☐ Brokkoli
- ☐ 1 kg Nudeln
- ☐ 1 kg Hackfleisch
- ☐ 4 Becher Schmand
- ☐ 400 ml Milch
- ☐ 400 g geriebener Käse
- ☐ 4 Zwiebeln
- ☐ 4 EL Tomatenmark
- ☐ 4 EL Öl
- ☐ Salz, Pfeffer

Nudelauflauf mit Brokkoli und Hackfleisch

Name: _____ Datum: _____

4 Portionen	Zutaten	Arbeitsschritte	Geräte
1 TL	Wasser Salz	• In einem großen Topf Nudelwasser zum Kochen bringen. • Salz in das kochende Wasser geben. • Backofen auf 200 °C Ober-/Unterhitze vorheizen.	großer Topf TL
1 250 g	Brokkoli Nudeln	• Brokkoli in Röschen teilen. • Nudeln und Brokkoli zusammen in das kochende Wasser geben und nach Packungsanweisung der Nudeln garen. Danach abgießen.	Brett Messer Durchschlagsieb
1 1 EL 250 g 1 EL 1 Becher 100 ml	Zwiebel Öl Hackfleisch Tomatenmark Schmand Milch Salz, Pfeffer	• Zwiebel fein würfeln. • Öl in einer Pfanne erhitzen und darin das Hackfleisch anbraten. • Zwiebeln zufügen und mitbraten. • Tomatenmark einrühren, mit Salz und Pfeffer würzen. • Schmand und Milch einrühren.	Brett Messer Pfanne Pfannenwender EL
100 g	geriebener Käse	• Nudel-Brokkoli-Mischung in eine Auflaufform geben. • Die Hack-Schmand-Masse darauf verteilen. • Geriebenen Käse auf den Auflauf streuen und für 25 Minuten überbacken.	Auflaufform EL Anrichtebesteck/-geschirr

Denise Reinholdt: Küchenpraxis: 52 schultaugliche Backofenrezepte
© Persen Verlag

Nudelblech

Zeitangabe ⏱⏱ *Kosten* € €

Ernährungsinfos

Allergierisiken: Gluten, Milchprodukte

Die Nudeln können gegen glutenfreie Produkte ausgetauscht werden.
Sahne und Milch können gut gegen laktosefreie Varianten oder auch gegen Sojaprodukte ausgetauscht werden. Emmentaler gilt als annähernd laktosefrei. Wenn Sie Sicherheit haben wollen, verwenden Sie laktosefreien Käse.

Das Rezept im Unterricht

Passende unterrichtliche Themen:
- Saisonale Küche

Um Zeit zu sparen, können Sie die Aufgabenkarten einsetzen. Verfahren Sie dabei wie in den Unterrichtshinweisen zum Rezept für das „Fladenbrot mit Hackfleisch".

1. Schritt	400 g Farfalle nach Packungsanweisung in Salzwasser bissfest garen. Backofen vorheizen auf 180 °C Umluft.	1 Zucchini in dünne Scheiben hobeln.	2 Tomaten in dünne Scheiben schneiden.	125 ml Sahne und 125 ml Milch verrühren und mit Salz, Pfeffer, Oregano und Thymian kräftig würzen.
2. Schritt	Die Eier aufschlagen und unter die Sahnemilch rühren.	Ein sauberes Backblech mit Margarine einfetten.	Die abgetropften Nudeln auf dem eingefetteten Backblech verteilen.	Die Eiersahne gleichmäßig auf die Nudeln gießen.
3. Schritt	Zucchinischeiben und die Tomatenscheiben auf den Nudeln verteilen.	½ Dose Mais abtropfen lassen und auf dem Auflauf verteilen.	100 g geriebenen Emmentaler auf dem Nudelblech verteilen.	Das Nudelblech für 25 Minuten backen. In der Wartezeit Tisch decken und Abwasch beginnen.

Einkaufsliste für 4 Gruppen

- ☐ 1,6 kg Nudeln (Farfalle)
- ☐ 4 Zucchini
- ☐ 8 Tomaten
- ☐ 500 ml Sahne
- ☐ 500 ml Milch
- ☐ 12 Eier
- ☐ 400 g Emmentaler gerieben
- ☐ 2 Dosen Mais
- ☐ Margarine (zum Einfetten des Blechs)
- ☐ Salz, Pfeffer, Oregano, Thymian

Name:	Datum:

Nudelblech

4 Portionen	Zutaten	Arbeitsschritte	Geräte
400 g 1 2 125 ml 125 ml 3	Nudeln (Farfalle) Zucchini Tomaten Sahne Milch Eier Salz, Pfeffer, Oregano, Thymian	• Nudeln nach Packungsanweisung in Salzwasser bissfest kochen. • Backofen auf 180 °C Umluft vorheizen. • Zucchini in dünne Scheiben hobeln. Tomaten in dünne Scheiben schneiden. • Sahne und Milch mit Salz, Pfeffer, Oregano und Thymian kräftig abschmecken. • Dann die Eier aufschlagen und unterquirlen.	Topf Durchschlag Hobel Brett Messer Messbecher Rührbecher Schneebesen Abschmecklöffel
½ Dose 100 g	Mais geriebener Emmentaler Margarine (zum Fetten des Backblechs)	• Ein sauberes Backblech mit Margarine einfetten, darauf die gekochten Nudeln verteilen. • Die Eiersahne auf die Nudeln gießen. Zucchinischeiben, Tomatenscheiben und den abgetropften Mais auf dem Auflauf verteilen. • Mit Käse bestreuen und für 25 Minuten backen.	Backblech Dosenöffner Waage Auswiegeschälchen Anrichtebesteck/-geschirr

Nusskuchen

Zeitangabe ⏱⏱⏱　　　　　　　　　　　　　　　　　　　　　　　　　　　　　　**Kosten** €

Ernährungsinfos

Allergierisiken: Nüsse

Nussallergiker reagieren teilweise nicht auf Mandeln. Erkundigen Sie sich gegebenenfalls, ob ein Austausch der Haselnüsse gegen Mandeln sinnvoll wäre. Wenn nicht, gibt es leider keine weitere nussfreie Alternative zur Zubereitung des Rezeptes.

Das Rezept im Unterricht

Passende unterrichtliche Themen:
- Physikalische Teiglockerung
- Grundtechniken (Eischnee schlagen)
- Kaffeetafel

Dieser Kuchen ist blitzschnell und mit wenigen Zutaten zubereitet und trotzdem sehr saftig und lecker. Ein Schokoladenguss schützt vor dem Austrocknen und hält den Kuchen mehrere Tage frisch.

Kuvertüre ohne Geschmiere einfach in der Mikrowelle schmelzen

Die Schokolade in 30-Sekunden-Schritten in der Mikrowelle auf höchster Leistung erhitzen. Umrühren und wieder hineinstellen, bis ca. die Hälfte der Kuvertüre geschmolzen ist. Von nun an nur noch Rühren und die Wärme der bereits geschmolzenen Schokolade nutzen.

⚠ Bleibt die Kuvertüre zu lange in der Mikrowelle, verkohlt sie!

Einkaufsliste für 4 Gruppen

- ☐ 32 Eier
- ☐ 1 kg Zucker
- ☐ 1 kg gemahlene Haselnüsse
- ☐ 4 Päckchen Vanillezucker
- ☐ Salz
- ☐ Margarine (zum Einfetten der Form)
- ☐ Kuvertüre (oder Puderzucker)

Name: _____ Datum: _____

Nusskuchen

1 Springform	Zutaten	Arbeitsschritte	Geräte
8 230 g 1 Pck. 250 g	Eier Salz Zucker Vanillezucker gemahlene Haselnüsse	• Backofen vorheizen auf 180 °C Ober-/Unterhitze. • Eier trennen. • Eiweiß in einer absolut fettfreien Schüssel mit dem Salz steif schlagen. • Eigelbe mit Zucker und Vanillezucker mit einem elektrischen Handrührgerät schaumig schlagen. Die gemahlenen Haselnüsse unterrühren, dann den Eischnee vorsichtig unterheben.	Rührschüssel Handrührgerät mit Schneebesen Waage Teigschaber
	Margarine (zum Einfetten der Backform)	• Eine Springform mit Backpapier auslegen, die Ränder mit Margarine einfetten. • Masse einfüllen und bei 175 °C ca. 1 Stunde backen. • Eventuell 20 Minuten vor Ende der Garzeit mit Alufolie abdecken, damit der Kuchen nicht verbrennt.	Springform Backpapier evtl. Alufolie
	Puderzucker/ Schokoglasur	• Den Kuchen vorsichtig mit einem Messer vom Springformrand lösen und auf eine Kuchenplatte stürzen. • Das Backpapier abziehen. • Den ausgekühlten Kuchen mit Puderzucker bestreuen oder mit Schokoglasur überziehen.	Messer Kuchenplatte Sieb (für den Puderzucker)

Unterrichtshinweise: Quark-Öl-Teig, süß und herzhaft gefüllt

Zeitangabe ⏱⏱⏱ **Kosten** €€€

Ernährungsinfos

Allergierisiken: Gluten, Milchprodukte

Enthält Schweinefleisch

Statt Auszugsmehl kann man auch Vollkornmehl verwenden, jedoch muss dann eventuell etwas mehr Flüssigkeit an den Teig gegeben werden.
Verwenden Sie bei Bedarf glutenfreies Mehl und laktosefreie Milchprodukte.
Die herzhafte Füllung enthält Schinken. Dieser kann aber auch gegen geräucherte Putenbrust ausgetauscht werden.

Das Rezept im Unterricht

Passende unterrichtliche Themen:
- Grundrezepte (Quark-Öl-Teig)
- Pausenverkauf

Das Teigrezept reicht für acht Taschen. Damit können die Schüler also pro Person zwei Taschen zubereiten. Die Füllungsmengen rechnen jedoch nur mit einer Teigtasche pro Person. Somit bereitet man entweder das ganze Rezept für den Teig und beide Füllungen zu oder halbiert das Rezept und bereitet nur eine der beiden Füllungen zu. In diesem Fall können die Schüler die Mengen für vier Portionen in die entsprechende leere Spalte auf der Rezeptseite eintragen.

Der hohe Zeit- und Kostenfaktor bezieht sich auf die Zubereitung beider Füllungen für das Rezept. Entscheidet man sich für eine Füllung, dann sinken Zeit und Kosten.

Alternative Zubereitung

Keine Lust auf Porree-Schinken-Füllung? Einfach etwas Feta mit Kräutern und etwas Milch pürieren oder abgetropften eingelegten Feta aus dem Glas zerdrücken und als herzhafte Füllung verwenden. Die Füllung aus dem Rezept für die Kabanossi-Frischkäse-Taschen eignet sich auch für diese Teigtaschen. Oder man macht schnell und einfach Schinken-Käse-Taschen aus gewürfeltem Kochschinken und Scheiblettenkäse. Falls man nach einer süßen Alternative für die Quarkfüllung sucht, kann man die Fruchtfüllung aus dem Rezept für die Apfel- oder Kirschtaschen verwenden.

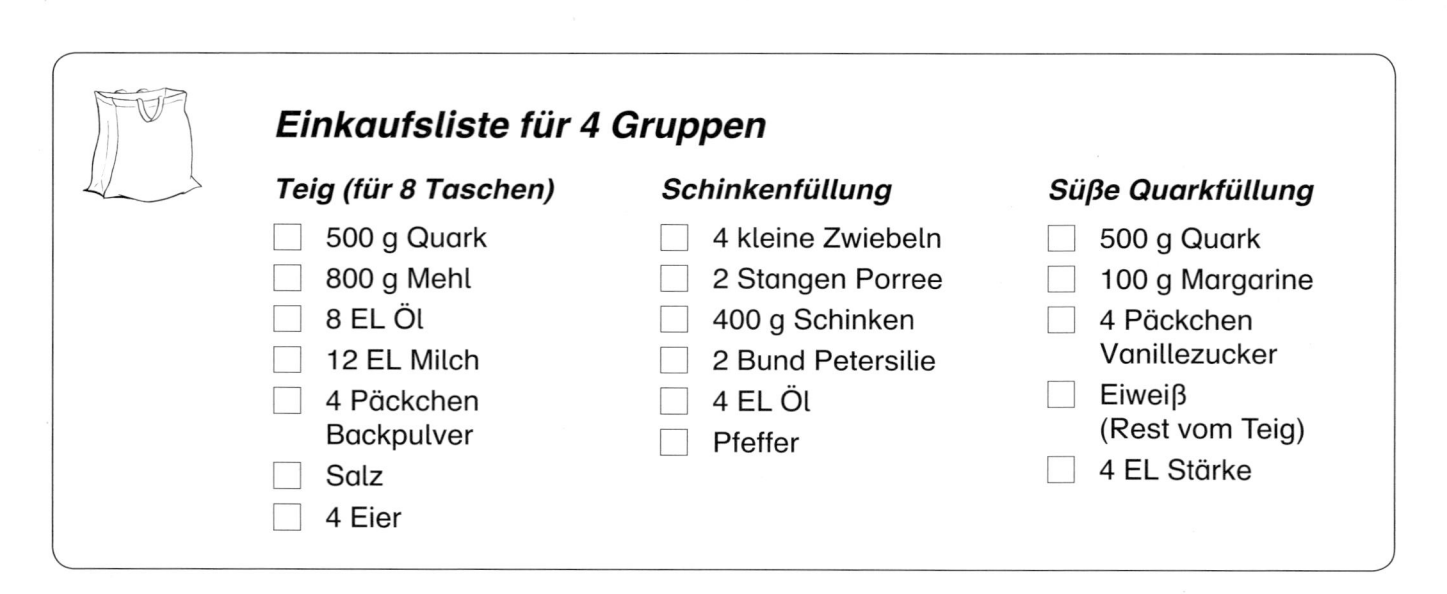

Einkaufsliste für 4 Gruppen

Teig (für 8 Taschen)
- ☐ 500 g Quark
- ☐ 800 g Mehl
- ☐ 8 EL Öl
- ☐ 12 EL Milch
- ☐ 4 Päckchen Backpulver
- ☐ Salz
- ☐ 4 Eier

Schinkenfüllung
- ☐ 4 kleine Zwiebeln
- ☐ 2 Stangen Porree
- ☐ 400 g Schinken
- ☐ 2 Bund Petersilie
- ☐ 4 EL Öl
- ☐ Pfeffer

Süße Quarkfüllung
- ☐ 500 g Quark
- ☐ 100 g Margarine
- ☐ 4 Päckchen Vanillezucker
- ☐ Eiweiß (Rest vom Teig)
- ☐ 4 EL Stärke

Name: _____ Datum: _____

Quark-Öl-Teig, süß und herzhaft gefüllt

8 Taschen	Zutaten	4 Taschen	Arbeitsschritte	Geräte
120 g 2 EL 3 EL 1 Msp.	Quark Öl Milch Salz		• Alle Zutaten miteinander verrühren.	EL Messer Waage Rührschüssel Handrührgerät mit Schneebesen
200 g 2 TL 1 1 EL	Mehl Backpulver Ei Milch		• Mehl und Backpulver vermischen und mit dem Handrührgerät mit Knethaken untermischen. • Den Teig in 8 Stücke teilen und daraus 8 Kreise ausrollen. • Ei trennen. • Den Rand mit ½ Eiweiß einpinseln. Füllung auf eine Hälfte geben, andere Hälfte darüberklappen, mit einer Gabel die Ränder gut festdrücken. • Das Eigelb mit der Milch verrühren und die Taschen damit einpinseln. • 15–20 Minuten bei 180 °C backen.	Schüssel TL Handrührgerät mit Knethaken Nudelholz Backpinsel Gabel Schälchen Backblech mit Backpapier

Schinkenfüllung

für 4 Taschen	Zutaten	Arbeitsschritte	Geräte
1 kleine ½ Stange 100 g ½ Bund 1 EL	Zwiebel Porree Schinken Petersilie Öl Pfeffer	• Zwiebel fein würfeln, Porree in halbe Ringe schneiden. • Schinken würfeln. • Petersilie waschen und hacken. • Öl in einer Pfanne erhitzen, darin alle Zutaten braten, bis die Zwiebeln weich sind. Mit Pfeffer würzen.	Brett Messer Waage EL Pfanne Pfannenwender

Süße Quarkfüllung

für 4 Taschen	Zutaten	Arbeitsschritte	Geräte
120 g 25 g 1 Pck. 1 EL ½ 1 EL	Quark Margarine Vanillezucker Zucker Eiweiß Stärke	• Alle Zutaten verrühren und abschmecken.	EL Waage Rührschüssel Schneebesen

Denise Reinholdt: Küchenpraxis: 52 schultaugliche Backofenrezepte
© Persen Verlag

Schlemmerfilet Bordelaise

Zeitangabe ⏱️ ⏱️   **Kosten** € €

Ernährungsinfos

Allergierisiken: Gluten, Milchprodukte

Wer auf Gluten verzichten muss, kann Paniermehl aus glutenfreiem Brot selbst herstellen.
Butter enthält sehr wenig Laktose und wird von vielen Allergikern vertragen. Wenn man jedoch komplett auf Laktose verzichten muss, kann man für dieses Rezept auch Margarine oder (für den Buttergeschmack) reines Butterschmalz verwenden.

Das Rezept im Unterricht

Passende unterrichtliche Themen:
- Garverfahren
- Fisch
- Kochen für Gäste
- Vergleich mit Convenience-Produkten

Den besten Geschmack erreicht man mit frischem Semmelmehl. Einfach 1–2 trockene Brötchen im Universalzerkleinerer hacken.

Rezepte für Kartoffelpüree und Gurkensalat finden Sie in „Küchenpraxis: 42 schultaugliche Kochrezepte" (Bestellnr. 23445).

Einkaufsliste für 4 Gruppen

- ☐ 16 Fischfilets
- ☐ 240 g Paniermehl
- ☐ 160 g Butter
- ☐ 1 Paket gemischte Kräuter (TK)
- ☐ 8 Zwiebeln
- ☐ 8 Knoblauchzehen
- ☐ 4 EL Öl
- ☐ Instantgemüsebrühe (für 600 ml)
- ☐ 4 TL Senf
- ☐ 2 Zitronen

Name: _____   Datum: _____

Schlemmerfilet Bordelaise

4 Portionen	Zutaten	Arbeitsschritte	Geräte
4 2 2 1 EL 40 g 60 g 4 EL 1 TL	Fischfilets Zwiebeln Knoblauchzehen Öl Butter Paniermehl gemischte Kräuter (TK) Salz, Pfeffer Senf	• Backofen auf 180 °C Ober- und Unterhitze vorheizen. • Zwiebeln und Knoblauch fein würfeln. In einer Pfanne mit Öl und Butter langsam glasig dünsten. • Paniermehl und Kräuter mit in die Pfanne geben, mit Salz, Pfeffer und Senf würzen.	Brett Messer Pfanne Pfannenwender EL Waage Auswiegeschälchen
150 ml ½	schwache Gemüsebrühe Zitrone	• Den Fisch in eine Auflaufform legen, die Masse darauf verteilen. Brühe angießen und dann 10–15 Minuten backen. • Den Saft der Zitrone vor dem Servieren über den Auflauf träufeln.	Auflaufform Messbecher Anrichtebesteck/-geschirr

Mit Salzkartoffeln oder Kartoffelpüree und grünem Salat oder Gurkensalat servieren.

Denise Reinholdt: Küchenpraxis: 52 schultaugliche Backofenrezepte
© Persen Verlag

Schnelle Flammküchlein / Thunfisch-Blätterteig-Küchlein

Zeitangabe ⏱⏱⏱   *Kosten* €€€

Ernährungsinfos

Allergierisiken: Gluten, Milchprodukte
Enthält Schweinefleisch

In gut sortierten Supermärkten ist gluten- und laktosefreier Blätterteig erhältlich. Die Milchprodukte können laktosefrei gewählt, jedoch nicht weggelassen werden, sonst ist die Ähnlichkeit zum Flammkuchen nicht mehr zu erkennen. Der Gouda in den Thunfischküchlein ist ein Halbhartkäse und zählt daher zu den laktosearmen Käsesorten, welche bei vielen Personen mit Laktoseintoleranz keine Probleme verursachen.
Der Schinken kann durch geräucherte, gewürfelte Putenbrust oder durch Bündnerfleisch ersetzt werden, wenn man kein Schweinefleisch verwenden möchte.

Das Rezept im Unterricht

Passende unterrichtliche Themen:
- Der Backofen
- Pausenverkauf
- Blätterteig

Das Rezept für Flammküchlein ist wirklich sehr einfach und eignet sich auch sehr gut, wenn man die Schüler etwas in Einzelarbeit zubereiten lassen möchte. Die Praxisbeurteilung in Hauswirtschaft fällt deutlich leichter, wenn man ab und zu jeden Schüler einzeln sehen und beurteilen kann: Wird der Arbeitsplatz aufgebaut? Werden Rezepthinweise befolgt? Funktioniert Abwaschen, Abtrocknen, Wegräumen ohne weiteres Eingreifen der Lehrkraft?

In dem Rezept finden die Schüler eine leere Spalte, in der die Zutaten für „1 Portion" eingetragen werden können.

Bei den Thunfisch-Blätterteig-Küchlein fehlen die Geräte, auch diese können die Schüler eintragen:

> Backblech, Backpapier, Brett, Messer, Pfanne, EL, TL, Pfannenwender, Anrichteteller/-besteck

Beide Aufgaben können im Unterricht oder als vor- oder nachbereitende Hausaufgabe durchgeführt werden.
Verwenden Sie Thunfisch im eigenen Saft, anstatt in Öl. Dadurch wird das Gericht nicht nur etwas leichter, auch der Abwasch geht schneller von der Hand.

Alternative Zubereitung

Wenn man die Thunfisch-Blätterteig-Küchlein zu Taschen formt (siehe „Apfeltaschen"), dann werden sie noch saftiger und der Blätterteig blättert schöner. Allerdings ist diese Variante etwas aufwendiger und bedarf Fingerspitzengefühl.

Einkaufsliste für 4 Gruppen

Flammküchlein
- ☐ 16 Scheiben TK-Blätterteig (3 Packungen à 450 g)
- ☐ 4 Zwiebeln
- ☐ 400 g geriebener Käse
- ☐ 400 g Crème fraîche
- ☐ 500 g Schinkenwürfel

Thunfisch-Blätterteig-Küchlein
- ☐ 4 Rollen Blätterteig
- ☐ 4 Zwiebeln
- ☐ 8 Zehen Knoblauch
- ☐ 1 kg passierte Tomaten
- ☐ 4 EL Öl
- ☐ 4 Dosen Thunfisch
- ☐ 400 g geriebener Käse
- ☐ 1 TL Thymian

Name: _____ Datum: _____

Schnelle Flammküchlein

4 Portionen	Zutaten	1 Portion	Arbeitsschritte	Geräte
4 Scheiben 1 100 g 100 g 125 g	TK-Blätterteig Zwiebel geriebener Käse Crème fraîche Schinkenwürfel		• Den Backofen auf 180 °C Umluft vorheizen. • Blätterteigquadrate halbieren und auf ein mit Backpapier ausgelegtes Backblech legen. • Zwiebel sehr fein würfeln. • Crème fraîche auf die Blätterteigquadrate aufteilen und verstreichen. Den Rand ca. ½ cm nach innen klappen. • Zuerst den Käse auf allen Teigplatten verteilen, dann die Zwiebeln und Schinkenwürfel aufstreuen. • 20 Minuten backen.	Messer Backblech mit Backpapier Waage Brett TL Waage Anrichteteller/-besteck

Thunfisch-Blätterteig-Küchlein

8 Stück	Zutaten		Arbeitsschritte	Geräte
1 Rolle 1 1 EL 2 Zehen 250 g 1 TL 1 Dose	Blätterteig Zwiebel Öl Knoblauch passierte Tomaten Thymian (getrocknet) Thunfisch		• Blätterteig in 8 Quadrate schneiden, diese auf ein mit Backpapier ausgelegtes Backblech legen. • Backofen vorheizen auf 180 °C Umluft. • Zwiebel fein würfeln und im Öl glasig dünsten. • Knoblauch dazupressen, passierte Tomaten und Thymian einrühren. • Thunfisch abtropfen, fein zerpflücken und einrühren. • Diesen Belag einmal kräftig aufkochen lassen.	
100 g	geriebener Käse		• Jeweils 1 gehäuften EL Thunfischmasse auf den Blätterteigstücken verstreichen. • Den Käse gleichmäßig darauf verteilen. • Für etwa 10–15 Minuten backen.	

Hier fehlen die Angaben zu den Geräten. Ergänze sie bitte!

Denise Reinholdt: Küchenpraxis: 52 schultaugliche Backofenrezepte
© Persen Verlag

Tortelliniauflauf

Zeitangabe ⏱⏱   *Kosten* €€€

Ernährungsinfos

Allergierisiken: Gluten, Milchprodukte

Enthält Schweinefleisch

Wenn nötig, verwenden Sie statt der Tortellini glutenfreie Nudeln.
Die Milchprodukte können gegen laktosefreie Varianten ausgetauscht werden und der Kochschinken, wenn gewünscht, weggelassen oder gegen geräucherte Putenbrust ausgetauscht werden.

Das Rezept im Unterricht

Passende unterrichtliche Themen:
- Internationale Küche
- Wiegen und Messen
- Das Messer/Schnitttechniken

Um dieses Rezept mit Anfängern zuzubereiten, kann man es mit genauer Aufgabeneinteilung überschaubarer gestalten. Dafür können Sie die Aufgabenkarten einsetzen. Verfahren Sie dabei wie in den Unterrichtshinweisen zum Rezept für das Fladenbrot mit Hackfleisch.

1. Schritt	250 g getrocknete Tortellini nach Packungsanweisung garen. Backofen vorheizen auf 200 °C Ober- und Unterhitze.	1 Zwiebel schälen und fein würfeln.	400 g Champignons putzen und in Scheiben schneiden.	100 g Kochschinken abwiegen und fein würfeln.
2. Schritt	100 g geraspelten Käse abwiegen.	1 EL Öl in einer Pfanne erhitzen, die Zwiebel darin andünsten.	Champignons und Schinkenwürfel mit in die Pfanne geben, wenn die Zwiebeln glasig sind.	500 g passierte Tomaten abwiegen.
3. Schritt	Passierte Tomaten und Schmand in die Pfanne zum Gemüse geben. Mit Salz, Pfeffer und Oregano würzen.	Abgetropfte Tortellini mit der Soße vermischen und in eine Auflaufform geben.	Mit 100 g geraspeltem Gouda bestreuen und für 15 Minuten backen.	Tisch decken und mit dem Abwasch beginnen.

Einkaufsliste für 4 Gruppen

- ☐ 1 kg Tortellini (getrocknet)
- ☐ 4 Zwiebeln
- ☐ 1,6 kg Champignons
- ☐ 400 g Kochschinken
- ☐ 2 kg passierte Tomaten
- ☐ 4 Becher Schmand
- ☐ 400 g Gouda, geraspelt
- ☐ 4 EL Öl
- ☐ Oregano, Salz, Pfeffer

Name: _____ Datum: _____

Tortelliniauflauf

4 Portionen	Zutaten	Arbeitsschritte	Geräte
250 g 1 400 g 100 g	Tortellini Salz Zwiebel Champignons Kochschinken	• Tortellini nach Packungsanweisung in Salzwasser garen. • Backofen vorheizen auf 200 °C Ober- und Unterhitze. • Zwiebeln fein würfeln, Schinken würfeln, Champignons in Scheiben schneiden.	Topf Messer Brett Waage Auswiegeschale Sieb
1 EL 500 g 1 Becher	Öl passierte Tomaten Schmand Oregano, Salz, Pfeffer	• Das Öl in einer Pfanne erhitzen, darin die Zwiebeln andünsten, dann die Champignons zugeben und zuletzt den Schinken mit anbraten. • Passierte Tomaten und Schmand einrühren, mit Salz, Pfeffer und Oregano würzen.	EL Pfanne Pfannenwender
100 g	Gouda, geraspelt	• Die abgegossenen Tortellini mit der Soße vermischen, in eine Auflaufform geben, dann den Käse darauf verteilen und den Auflauf für 15 Minuten bei 200 °C backen.	Auflaufform Anrichtebesteck/-geschirr

Statt der Tortellini kann man auch Gnocchi für einen italienischen Gnocchiauflauf verwenden. Der Clou daran: Vorgegarte Gnocchi aus der Kühltheke kann man direkt im Auflauf mitgaren, ohne sie vorher zu kochen!

Denise Reinholdt: Küchenpraxis: 52 schultaugliche Backofenrezepte
© Persen Verlag

Tortillapizza mit Gemüse/Enchiladas

Zeitangabe ⏱⏱⏱ **Kosten** €€€

Ernährungsinfos

Allergierisiken: Gluten, Milchprodukte

Verwenden Sie für Schüler mit Glutenintoleranz keine Weizentortillas, sondern glutenfreie Maistortillas. Mozzarella gegen einen geriebenen Hartkäse auszutauschen, senkt den Gehalt an Laktose in einen allergikerverträglichen Bereich. Sie können aber auch auf speziellen laktosefreien Käse zurückgreifen.

Das Rezept im Unterricht

Passende unterrichtliche Themen:
- Internationale Küche
- Vegetarische Küche

Der Idee hinter dem ersten Rezept ist eine Pizza, die keine lange Zubereitungszeit für den Boden beansprucht. Der Tortilla ist eine sehr dünne, aber schmackhafte Alternative.

Enchiladas sind eine mexikanische Spezialität, die auch hierzulande immer bekannter und beliebter wird.

Alternative Zubereitung

Sie finden bei der Tortillapizza auch eine Spalte mit der Angabe für „1 Stück" – vielleicht möchten Sie ja die Idee der Tortillapizza aufgreifen, aber den Kindern die Möglichkeit geben, dass jeder seine Tortillapizza selbst nach Wunsch belegt.

Deutlich günstiger wird das Rezept, wenn man die Tortillas selbst backt. Zudem kann man, wenn nötig, glutenfreie Tortillas aus feinem Maismehl (nicht Polenta!) selbst herstellen:

Selbst gemachte Tortillas

170 g Mehl und 1 Msp. Salz in eine Schüssel geben. 170 ml kochendes Wasser zugießen und mit dem Handrührgerät mit Knethaken durchkneten. Sobald man den Teig anfassen kann, von Hand weiterkneten. Den Teig in 4 gleiche Teile teilen, diese zu 4 Fladen ausrollen. Ohne Fett in einer antihaftbeschichteten Pfanne von jeder Seite 1 Minute backen lassen – fertig! Die fertigen Fladen auf einen Teller legen, mit einem zweiten Teller abdecken und etwas stehen lassen, damit sie weich werden.

Diese selbst hergestellten Tortillas eignen sich auch hervorragend für die Enchiladas. Stellen Sie mit den Schülern eine größere Menge her, frieren diese ein und nehmen Sie sie rechtzeitig vor der Unterrichtsstunde heraus.

Füllungen für Enchiladas gibt es wie Sand am Meer. Vielleicht möchten Ihre Schüler auch selbst eine Füllung recherchieren und ausprobieren?

Einkaufsliste für 4 Gruppen

Tortillapizza
- ☐ 800 g Champignons
- ☐ 4 Zucchini
- ☐ 2 Dosen Mais
- ☐ 1 kg Mozzarella (8 Kugeln)
- ☐ 2 Gläser Tomatensoße Napoli
- ☐ 16 Tortillafladen

Enchiladas
- ☐ 1,6 kg Hähnchenbrust
- ☐ 4 Zwiebeln
- ☐ 8 Paprikaschoten
- ☐ 8 Knoblauchzehen
- ☐ 4 Dosen gehackte Tomaten
- ☐ 4 Becher Schmand
- ☐ 400 g Salsasoße

- ☐ 600 g geriebener Käse
- ☐ 16 Tortillas
- ☐ Salz, Pfeffer, Chilipulver
- ☐ Öl (zum Einfetten der Form)

Name: ____________________ Datum: ____________

Tortillapizza mit Gemüse

4 Stück	Zutaten	1 Stück	Arbeitsschritte	Geräte
1 200 g 4 EL 1 EL 2 Kugeln (250 g)	Zucchini Champignons Mais (Dose) Olivenöl Salz, Pfeffer, Oregano Mozzarella	¼ 50 g 1 EL 1 TL ½ Kugel	• Backofen auf 200 °C Umluft vorheizen. • Champignons und Zucchini putzen, in dünne Scheiben schneiden. • Gemüse in einer Pfanne im Öl 3 Minuten anbraten, mit Salz, Pfeffer und Oregano würzen.	Brett großes Messer kleines Messer Schüssel Abfallschüssel EL Pfanne Pfannenwender
4 ½ Glas	Tortillafladen Tomatensoße Napoli	1 1–2 EL	• Die Tortillafladen auf die Backbleche legen und mit der Tomatensoße bestreichen. • Gemüsemischung auf der Soße verteilen. • Mozzarella in Streifen schneiden und gleichmäßig auf den Pizzen verteilen. • Bei 200 °C ca. 10 Minuten backen.	2 Backbleche mit Backpapier 2 EL Messer Brett Anrichtebesteck/-geschirr

Enchiladas

4 Stück	Zutaten	Arbeitsschritte	Geräte
400 g 2 1 2	Hähnchenbrust Paprikaschoten Zwiebel Knoblauchzehen Salz, Pfeffer	• Hähnchenbrust sehr klein würfeln und mit Salz und Pfeffer würzen. • Paprika und Zwiebel fein würfeln. • Knoblauch schälen.	2 Bretter Fleischmesser Gemüsemesser Abfallschüssel
2 EL 1 Dose 100 g 1 Becher	Öl gehackte Tomaten Salsasoße Schmand Salz, Pfeffer, Chilipulver	• Öl in einer Pfanne erhitzen, darin das Fleisch anbraten. • Zwiebel und Paprika zugeben und ebenfalls anbraten. Knoblauch dazupressen. • ½ Dose stückige Tomaten, ½ Becher Schmand und die Salsasoße einrühren. Die Soße mit Salz und Chilipulver würzen. • Diese Masse aufkochen und auf niedriger Stufe 5–10 Minuten einkochen lassen. • Backofen vorheizen auf 180 °C Umluft.	EL Pfanne Pfannenwender Knoblauchpresse Waage Auswiegeschale
4 150 g	Tortillas geriebener Käse Öl zum Fetten der Form	• Die Tortillas mit der eingekochten Masse füllen und aufrollen. In eine gefettete Auflaufform legen. • Restliche stückige Tomaten darauf verteilen. Darauf den restlichen Schmand verteilen und den geriebenen Käse darüberstreuen. • Die Enchiladas ca. 15 Minuten überbacken.	EL Auflaufform Backpinsel Waage Auswiegeschale Anrichtebesteck/-geschirr

© Persen Verlag

Überbackene Spiegeleier

Zeitangabe ⏱   **Kosten** €€

Ernährungsinfos

Allergierisiken: Gluten, Milchprodukte

Enthält Schweinefleisch

Gluten ist nur im dazu gereichten Toastbrot enthalten. Tauschen Sie dies gegebenenfalls gegen ein anderes glutenfreies Brot aus oder verzichten Sie auf Brot.

Verwenden Sie zum Überbacken Emmentaler, denn dieser Hartkäse gilt als annähernd laktosefrei, oder greifen Sie auf laktosefreien Käse zurück. Wer auf Schweinefleisch verzichten will, der kann den Schinken durch geräucherten Putenbrustaufschnitt ersetzen.

Das Rezept im Unterricht

Passende unterrichtliche Themen:
- Einladung zum Brunch
- Eier
- Frühstück/Frühstücksbuffet

Das Auge isst mit! Überlegen Sie gemeinsam mit den Schülern, wie man dieses Gericht noch ansprechender – beispielsweise für ein Buffet – anrichten kann.

Einkaufsliste für 4 Gruppen

- [ ] 400 g Kochschinken
- [ ] 8 Frühlingszwiebeln
- [ ] 20 Eier
- [ ] 400 g Reibekäse
- [ ] 16 Scheiben Toastbrot
- [ ] 4 EL Margarine (sowie fürs Einfetten der Form)
- [ ] Salz, Pfeffer

Name: _____   Datum: _____

Überbackene Spiegeleier

4 Portionen	Zutaten	Arbeitsschritte	Geräte
100 g 2 5 1 EL 100 g 4 Scheiben	Kochschinken Frühlingszwiebeln Eier Margarine Reibekäse Salz, Pfeffer, Margarine (zum Fetten der Form) Toastbrot	• Backofen auf 200 °C vorheizen. • Kochschinken würfeln, Frühlingszwiebeln in feine Ringe schneiden. • Butter in einer Pfanne zerlassen, darin Schinken und Zwiebeln anbraten. • Eine Auflaufform einfetten und Schinken und Zwiebeln darin verteilen. • Eier über der Schinkenmasse aufschlagen, mit Salz und Pfeffer würzen. Das Eigelb sollte nicht zerlaufen. Den Abstand der Eigelbe gleichmäßig verteilen. • Reibekäse auf den Eiern verteilen. • 10 Minuten backen. In der Zwischenzeit das Toastbrot rösten.	Brett Messer EL Pfanne Pfannenwender Auflaufform Backpinsel Waage Toaster Anrichtebesteck/-geschirr

Du kannst alternativ auch …
- Einzelportionen in backofenfeste Förmchen füllen.
- einen großen Kreis (oder ein Herz) aus einem Toastbrot ausschneiden und die Einzelportionen auf Backpapier in dem Brotrahmen zubereiten.
- auf die gleiche Art Einzelportionen in Paprikaringen zubereiten.
- für kleinere Portionen Eigelb und Eiweiß verquirlen, Schinken und Zwiebel sehr fein schneiden und nach dem Anbraten alle Zutaten, auch den Käse, vermengen. Diese Masse wird eventuell etwas länger gebacken und in Rauten geschnitten serviert.

Denise Reinholdt: Küchenpraxis: 52 schultaugliche Backofenrezepte
© Persen Verlag

Überbackener Tortillachips-Salat

Zeitangabe ⏱ **Kosten** €€€

Ernährungsinfos

Allergierisiken: Gluten, Milchprodukte

Enthält Fleisch

Achten Sie gegebenenfalls darauf, dass die Tortillachips kein Weizenmehl enthalten. Es gibt glutenfreie Tortillachips von mehreren Herstellern.
Für eine laktosefreie Variante ersetzen Sie den Schmand durch laktosefreien Frischkäse, welchen Sie mit der Salsasoße glatt rühren.
Am besten passen Rinderhack oder gemischtes Hack. Wer eine vegetarische Variante ausprobieren möchte, kann Sojahack verwenden. Um dem Hack noch mehr „Pfiff" zu geben, kann es mit Würzpulver für „Chili con Carne" oder einem anderen Texmex-Fleischgewürz verfeinern.

Achten Sie darauf, dass Eisbergsalat gekauft wird! Kopfsalat wird im Backofen schnell matschig.

Das Rezept im Unterricht

Passende unterrichtliche Themen:
- Internationale Küche
- Partyrezepte
- Vitamine

Das Rezept lässt sich zügig zubereiten, wenn die Schüler die einzelnen Aufgaben parallel bearbeiten. Setzen Sie daher die Aufgabenkarten ein. Verfahren Sie dabei wie in den Unterrichtshinweisen zum Rezept für das Fladenbrot mit Hackfleisch.

1. Schritt	1 Zwiebel würfeln. Gewürfelte Zwiebel zum Hack in die Pfanne geben. Backofen auf 200 °C Ober- und Unterhitze vorheizen.	1 EL Öl in einer Pfanne erhitzen, darin 400 g Hackfleisch krümelig braten und mit Salz und Pfeffer abschmecken.	3 Tomaten waschen und würfeln.	½ Kopf Eisbergsalat in Streifen schneiden, waschen und trocken schleudern.
2. Schritt	80 g Tortillachips etwas zerdrücken.	200 g Salsasoße abmessen. 100 g Reibekäse abwiegen.	Salat in folgender Reihenfolge in eine Auflaufform schichten: – Salat – Salsasoße – Tomaten – Schmand – Tortillachips – Käse – Hackfleisch	Für 5 Minuten backen, bis der Käse schön zerlaufen ist. In der Zwischenzeit den Tisch decken.

Alternative Zubereitung

Der Salat ist auch ohne Überbacken verzehrfertig, da das Fleisch vorgegart wurde. Doch die kurze Runde im Backofen gibt einen besonderen Akzent. Wer kennt schon gebackenen Salat?!

Einkaufsliste für 4 Gruppen

- ☐ 2 Eisbergsalate
- ☐ 12 Tomaten
- ☐ 320 g Tortillachips
- ☐ 1,6 kg Hackfleisch
- ☐ 4 Zwiebeln
- ☐ 400 g Reibekäse
- ☐ 800 ml Salsasoße
- ☐ 4 Becher Schmand
- ☐ 4 EL Öl
- ☐ Salz, Pfeffer

Name: _____   Datum: _____

Überbackener Tortillachips-Salat

4 Portionen	Zutaten	Arbeitsschritte	Geräte
½ 3 400 g 1 80 g 200 ml 100 g 1 Becher 1 EL	Eisbergsalat Tomaten Hackfleisch Zwiebel Tortillachips Salsasoße Reibekäse Schmand Öl Salz, Pfeffer	• Backofen auf 200 °C Umluft vorheizen. • Zwiebeln würfeln. • Das Öl in einer Pfanne erhitzen, darin das Hack und die Zwiebeln anbraten. Mit Salz und Pfeffer würzen. • Den Salat putzen, zerkleinern und waschen. Die Tomaten würfeln. • Die Tortillachips etwas zerkrümeln. • In folgender Reihenfolge in eine Auflaufform schichten: – Salat – Tomaten – Tortillachips – Hackfleisch – Salsasoße – Schmand – Käse • 5–10 Minuten backen, bis der Käse schön zerlaufen ist.	Brett Messer EL Pfanne Pfannenwender Salatschleuder Auflaufform Anrichtebesteck/-geschirr

Lust auf Bohnen? Man kann zusätzlich Kidneybohnen oder Mais einschichten. Zum Anrichten ein paar Tortillachips obenauf streuen!

Versunkener Schokoladenkuchen

Zeitangabe ⏱️⏱️   **Kosten** €€

Ernährungsinfos

Allergierisiken: Gluten, Milchprodukte

Statt Auszugsmehl kann man auch Vollkornmehl verwenden, jedoch muss dann eventuell etwas mehr Flüssigkeit an den Teig gegeben werden.
Verwenden Sie bei Bedarf glutenfreies Mehl.
Tauschen Sie die Milchprodukte gegen laktosefreie oder Sojaprodukte.
Verwenden Sie keinen Instantkakao, sondern echten Kakao und achten Sie darauf, dass geschmacksneutrales Öl und kein Olivenöl verwendet wird.

Das Rezept im Unterricht

Passende unterrichtliche Themen:
- Grundrezepte (Rührteig)
- Teiglockerung mit Backpulver
- Kaffeetafel

Der Kuchen ist direkt nach dem Backen sehr zerbrechlich und schmeckt am besten, wenn er gut ausgekühlt, gerne auch kühlschrankkalt, serviert wird.

Im Rezept fehlen die Geräte, lassen Sie diese eintragen:

Schüssel Waage Auswiegeschälchen Handrührgerät mit Rührbesen EL Backblech Backpinsel Teigschaber	Schüssel Waage Auswiegeschälchen Handrührgerät mit Knethaken EL	EL Sieb Anrichtebesteck/-geschirr

Diese Aufgabe kann im Unterricht oder als vor- oder nachbereitende Hausaufgabe durchgeführt werden.

Einkaufsliste für 4 Gruppen

- ☐ 1,6 kg Margarine
- ☐ 1,4 kg Zucker
- ☐ 1,8 kg Mehl
- ☐ 12 Eier
- ☐ 4 Pck. Backpulver
- ☐ 4 Becher saure Sahne
- ☐ 12 EL echtes Kakaopulver
- ☐ 8 EL neutrales Öl (z. B. Sonnenblumenöl)
- ☐ Puderzucker

Name: _____ Datum: _____

Versunkener Schokoladenkuchen

1 Blech	Zutaten	Arbeitsschritte	Geräte
250 g 250 g 3 300 g 1 Pck. 2 EL	Margarine Zucker Eier Mehl Backpulver Öl	• Backofen auf 180°C Ober-/Unterhitze vorheizen. • Die Margarine und den Zucker mit dem Handrührgerät mit Rührhaken schlagen, bis der Zucker nicht mehr knirscht. • Die Eier einzeln hineinschlagen, dann das Öl zugeben und dabei die ganze Zeit auf hoher Stufe weiterrühren. • Mehl und Backpulver vermischen und unterrühren. • Den Teig auf einem gefetteten Backblech verteilen und glatt streichen.	
150 g 100 g 150 g 3 EL	Margarine Zucker Mehl echtes Kakaopulver (ohne Zucker)	• Margarine, Zucker, Mehl und Kakaopulver mit den Knethaken des Handrührgeräts zu krümeligen Streuseln vermengen. • Streusel gleichmäßig auf dem Teig verteilen. • Kuchen 15–20 Minuten backen.	
1 Becher	saure Sahne Puderzucker	• Kuchen aus dem Ofen holen. • Saure Sahne auf dem heißen Kuchen verteilen. • Den Kuchen auskühlen lassen und vor dem Servieren mit Puderzucker gleichmäßig bestäuben.	

Wedges mit Sour Cream

Zeitangabe ⏱⏱   **Kosten** €€

Ernährungsinfos

Allergierisiken: Gluten, Milchprodukte

Wer auf glutenhaltige Lebensmittel verzichten muss, der lässt einfach das Paniermehl weg. Dieses soll nur für einen leichten Knuspereffekt sorgen. Die Wedges sind nicht frittiert, sondern fettarm gebacken und daher deutlich weicher als man es von (vor)frittierten Wedges gewohnt ist.

Ein laktoseintoleranter Schüler kann der Einfachheit halber statt der selbst gemachten Sour Cream Ketchup oder Mayonnaise zu den Wedges essen.

Das Rezept im Unterricht

Passende unterrichtliche Themen:
- Fast Food
- Vegetarische Küche

Alternative Zubereitung

Andere Varianten von Kartoffeln aus dem Backofen:

Backkartoffeln wie im Steakhaus

4 große Kartoffeln (bevorzugt mehligkochend) gründlich abwaschen und dann bei 180 °C Umluft für 1 Stunde im Backofen garen. Dann werden die Kartoffeln der Länge nach eingeschnitten und aufgedrückt. Dazu gibt es Sour Cream oder man gibt einfach nur Butter und Salz in die weiche Kartoffelmasse.

Ballonkartoffeln

4 große Kartoffeln (bevorzugt mehligkochend) gründlich abwaschen und dann der Länge nach halbieren. Die Schnittfläche wird mit einem Salzstreuer gleichmäßig gesalzen. Dann setzt man die Kartoffeln mit der Schnittfläche nach oben auf den Backofenrost. 30 Minuten bei 200 °C Umluft sorgen nun dafür, dass sich die gesalzene Schnittfläche ballonartig abhebt, während die Kartoffel innen mehlig wie eine Backkartoffel wird.

Kräuterkartoffeln

4 Kartoffeln gründlich abwaschen und dann der Länge nach halbieren. Die Schnittfläche mit Öl einpinseln und salzen. Auf jede Schnittfläche 1 Blatt oder 1 Stängel beliebiger Kräuter (Rosmarin, Salbei, Basilikum, Thymian, Petersilie) legen. Dann umdrehen und die Kartoffel mit dem Kraut nach unten auf ein Backblech mit Backpapier legen. Bei 200 °C Umluft für 30 Minuten backen. Zum Servieren umdrehen — und schon ist die schöne Kräuterdeko sichtbar!

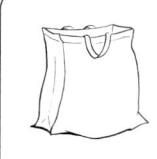

Einkaufsliste für 4 Gruppen

- ☐ 3,2 kg Kartoffeln
- ☐ 1 kg Quark
- ☐ 400 g Schmand
- ☐ 1 Zwiebel
- ☐ 2 Knoblauchzehen
- ☐ 2 Packungen gemischte Kräuter (TK)
- ☐ 8 EL Öl
- ☐ 8 EL Essig
- ☐ 8 EL Paniermehl
- ☐ 4 TL Zucker
- ☐ 2 TL Salz
- ☐ Pfeffer, Paprikapulver

Name: _____ Datum: _____

Wedges

4 Portionen	Zutaten	Arbeitsschritte	Geräte
800 g 2 EL 2 EL	Kartoffeln Öl Salz, Pfeffer, Paprikapulver Paniermehl	• Backofen auf 200 °C Umluft vorheizen. • Kartoffeln gründlich waschen und schrubben. • Die Kartoffeln längs achteln, mit Öl vermischen und kräftig würzen. • Auf einem mit Backpapier ausgelegten Backblech verteilen und das Paniermehl darauf verteilen. • 20–25 Minuten backen.	Messer Brett EL Rührschüssel Backblech mit Backpapier Anrichtebesteck/-geschirr

Sour Cream

4 Portionen	Zutaten	Arbeitsschritte	Geräte
250 g 100 g ½ Zehe ¼ ½ Pck. 2 TL 1 TL ½ TL 1 Msp.	Quark Schmand Knoblauch Zwiebel TK-Kräuter Essig Zucker Salz Pfeffer	• Die Zwiebel sehr fein würfeln, den Knoblauch pressen. • Essig, Salz und Zucker gründlich verrühren, dann die anderen Zutaten dazugeben und alles gut durchmischen.	Messer Brett Knoblauchpresse Rührschüssel Schneebesen

Windbeutel

Zeitangabe ⏱️⏱️ **Kosten** €

Ernährungsinfos

Allergierisiken: Gluten, Milchprodukte

Verwenden Sie glutenfreies Mehl und Margarine, wenn nötig.

Das Rezept im Unterricht

Passende unterrichtliche Themen:
- Grundrezepte (Brandteig)
- Gäste bewirten

Die Backzeit richtet sich nach der Größe der Windbeutel. Bei kleineren Windbeuteln reduziert sich die Backzeit.

Die Schüler sollen mithilfe der Karten die einzelnen Arbeitsabläufe in die richtige Reihenfolge bringen.

Die Karten unten sind geordnet. Zerschneiden und mischen Sie diese und lassen Sie die Schülergruppen die richtige Ordnung wiederfinden. Dabei entstehen gewünschte Diskussionen darüber, welche Reihenfolge der Arbeitsschritte sinnvoll ist. Geben Sie den Schülern zu bedenken, dass in einem Alltagshaushalt nur eine Person in der Küche steht und nicht mehrere Arbeitsschritte gleichzeitig erledigen kann. Mögliche Hilfestellung: Lesen Sie das komplette Rezept einmal vor.

Topf von der Kochstelle nehmen und 1 Ei mit einem Schneebesen einrühren.	Mit 2 EL gleichmäßige Häufchen auf ein Backpapier ausgelegtes Backblech setzen. Abstand zwischen den Windbeuteln lassen, sie gehen kräftig auf.	225 ml Wasser, 60 g Butter und 1 Prise Salz in einem Topf auf hoher Stufe zum Kochen bringen.	Für ca. 20 Minuten backen, dabei die Ofentür keinesfalls öffnen.
120 g Mehl zugeben und auf kleiner Stufe mit einem Kochlöffel weiterrühren, bis der Teig sich als Kloß vom Topfboden löst.	Nach Wunsch, beispielsweise mit Vanillesahne, füllen.	Backofen vorheizen auf 200 °C Umluft.	Wenn sich das Ei mit dem Teig verbunden hat, nach und nach 2 weitere Eier einrühren.

Alternative Zubereitung

Natürlich können die Windbeutel auch mit einem Spritzbeutel geformt werden. Wenn man mit dem Spritzbeutel Streifen spritzt, diese nach dem Backen mit Schokoladenguss überzieht und mit Vanillesahne füllt, hat man Eclairs (Liebesknochen) hergestellt.

Einkaufsliste für 4 Gruppen

- ☐ 240 g Butter
- ☐ 480 g Mehl
- ☐ 12 Eier
- ☐ 4 Becher Sahne
- ☐ 4 Päckchen Vanillezucker
- ☐ Salz
- ☐ Puderzucker

Name: _____   Datum: _____

Windbeutel

ca. 12 Windbeutel

Zutaten		Arbeitsschritte	Geräte
225 ml 60 g Pr. 120 g	Wasser Butter Salz Mehl	• Backofen vorheizen auf 200 °C Umluft. • Das Wasser, Salz und die Butter in einen Topf geben und kurz aufkochen lassen. • Das Mehl dazugeben und auf niedrigster Stufe mit einem Kochlöffel kräftig rühren, bis der Teig zu einem Kloß geworden ist und sich leicht vom Boden des Topfes löst.	Topf Waage Messbecher Auswiegeschale Kochlöffel
3	Eier (Größe L)	• Den Topf von der Kochstelle nehmen und nun mit dem Schneebesen das erste Ei unterrühren. • Wenn sich das Ei mit dem Teig verbunden hat, nach und nach die anderen Eier unterrühren.	Schneebesen Messer
		• Mit 2 EL gleichmäßige Häufchen auf ein mit Backpapier ausgelegtes Backblech setzen. Dabei genügend Abstand zwischen den einzelnen Windbeuteln lassen, sie gehen kräftig auf. • Die Windbeutel nun bei 200 °C Umluft ca. 20 Minuten backen. Während des Backens keinesfalls die Ofentür öffnen, da sonst das Gebäck zusammenfällt!	2 EL Backblech mit Backpapier
1 Becher 1 Pck.	Sahne Vanillezucker Puderzucker	• Sahne mit dem Vanillezucker steif schlagen. Die Windbeutel damit füllen. • Vor dem Servieren mit Puderzucker bestäuben.	Rührschüssel Handrührgerät mit Rührbesen Sieb Anrichtebesteck/-geschirr

Zitronenrührkuchen

Zeitangabe ⏱⏱ *Kosten* €

Ernährungsinfos

Allergierisiken: Gluten, Milchprodukte

Statt Auszugsmehl kann man auch Vollkornmehl verwenden, jedoch muss dann eventuell etwas mehr Flüssigkeit an den Teig gegeben werden.
Verwenden Sie bei Bedarf glutenfreies Mehl und laktosefreie Margarine.

Das Rezept im Unterricht

Passende unterrichtliche Themen:
- Grundrezepte (Rührteig)
- Teiglockerung mit Backpulver

Wenn Sie dieses Rezept mit Schülern zubereiten, bietet sich ein weiterer Versuch zum Backpulver an:

Warum ist kein Zitronensaft im Zitronenkuchenteig?

Benötigte Materialien:
1 Glas gefüllt mit 1 Fingerbreit kaltem Wasser, 1 Glas gefüllt mit 1 Fingerbreit Zitronensaft oder Essig, 2 Päckchen Backpulver

Durchführung:
1 Päckchen Backpulver wird in das Glas mit dem kalten Wasser gestreut, 1 Päckchen Backpulver wird in das Glas mit dem Zitronensaft gestreut. Die Reaktionen werden verglichen.

Ergebnis:
Die Reaktion in dem Glas mit der Säure läuft sehr heftig ab. Mit dem Wasser reagiert das Backpulver zwar auch, aber deutlich weniger stark. Übertragen auf den Teig bedeutet dies, dass die starke Reaktion zwischen dem Backpulver und der Säure zu früh stattfinden, die treibende Wirkung des Backpulvers also verpuffen würde, bevor der Kuchen im Backofen landet und der Kuchen dadurch nicht richtig aufgehen könnte. Aus diesem Grund gilt folgende Regel: Keine Säuren in Backpulverteig!

Im Teig findet sich nur Abrieb der Zitronenschale, welcher durch ätherische Öle Geschmack abgibt. Der Zitronensaft kommt erst beim Guss auf den Kuchen und gibt die nötige Säure für einen Zitronenkuchen.

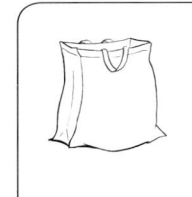

Einkaufsliste für 4 Gruppen

- ☐ 1,4 kg Margarine
- ☐ 1,2 kg Zucker
- ☐ 24 Eier
- ☐ 1,4 kg Mehl
- ☐ 4 Päckchen Backpulver
- ☐ 800 g Puderzucker

Name: _____   Datum: _____

Zitronenrührkuchen

1 Blech	Zutaten	Arbeitsschritte	Geräte
350 g 300 g 6	Margarine Zucker Eier	• Backofen auf 200 °C Ober- und Unterhitze vorheizen. • Margarine und Zucker verrühren, bis der Zucker nicht mehr knirscht. • Die Eier nach und nach dazuschlagen und jedes einzeln unterarbeiten.	Waage Auswiegeschälchen Rührschüssel Handrührgerät mit Schneebesen Messer
350 g 3 gestr. TL 1	Mehl Backpulver Zitrone (unbehandelt)	• Zitrone heiß abwaschen und die Schale abreiben. • Mehl, Backpulver und Zitronenschale mischen. Nach und nach unter die Buttermasse rühren.	Reibe TL
	Margarine (zum Einfetten)	• Ein Backblech mit Margarine einfetten, den Teig darauf verteilen und 25 Minuten backen.	Backblech mit Backpapier Backpinsel
200 g	Puderzucker	• Die Zitrone auspressen. • Puderzucker, wenn nötig, sieben und mit 3–4 EL Zitronensaft einen Guss anrühren und gleichmäßig auf dem Kuchen verteilen.	Zitronenpresse Sieb EL Schneebesen Schüssel

Denise Reinholdt: Küchenpraxis: 52 schultaugliche Backofenrezepte
© Persen Verlag

Zwetschgenkuchen mit Streuseln

Zeitangabe ⏱⏱⏱　　　　　　　　　　　　　　　　　　　　　　　　　　**Kosten** €

Ernährungsinfos

Allergierisiken: Gluten, Milchprodukte

Statt Auszugsmehl kann man auch Vollkornmehl verwenden, jedoch muss dann eventuell etwas mehr Flüssigkeit an den Teig gegeben werden.
Tauschen Sie bei Bedarf das Mehl gegen glutenfreies Mehl aus und ersetzen Sie die Butter, wenn nötig, durch laktosefreie Margarine.

Das Rezept im Unterricht

Passende unterrichtliche Themen:
- Saisonale Küche
- Traditionelle Küche

Was mache ich mit den Eiweißresten?

- Variante 1 – Eiweißreste lassen sich gut einfrieren. Einfach wieder auftauen und für ein anderes Rezept verwenden.
- Variante 2 – Baiser

Baiser

Die 3 Eiweiße in einer fettfreien Schüssel mit etwas Salz, 1 Spritzer Zitronensaft und 1 TL eiskaltem Wasser sehr steif schlagen. 150 g Zucker einrieseln lassen und weiterschlagen, bis der Zucker aufgelöst und eine glänzende Baisermasse entstanden ist. Baisertuffs auf ein Backblech spritzen. Bei 100 °C für 90 Minuten trocknen. Man kann die Baisers mit Lebensmittelfarbe auch bunt einfärben. Zum Naschen oder als Knuspereinlage in Schichtdesserts.

- Variante 3 – Pflaumenkuchen mit Baiserkruste

Pflaumenkuchen mit Baiserkruste

Die gesamte Teigmenge als Teigboden in der Springform verteilen und mit den Pflaumen belegen. Für 35 Minuten backen. Die restlichen Eiweiße wie oben beschrieben steif schlagen (ohne Zitrone und nur 100 g Zucker unterrühren). Mit einem Löffel nach den 35 Minuten Backzeit auf dem Kuchen verteilen. Dann den Kuchen für weitere 10 Minuten fertigbacken.

Einkaufsliste für 4 Gruppen

- ☐ 2,4 kg Zwetschgen
- ☐ 600 g Butter
- ☐ 600 g Zucker
- ☐ 12 Eier
- ☐ 4 Päckchen Vanillezucker
- ☐ 1,2 kg Mehl
- ☐ 2 TL Zimt

Name: _____ Datum: _____

Zwetschgenkuchen mit Streuseln

	Zutaten		Arbeitsschritte	Geräte
1 Springform	600 g 150 g 150 g	Zwetschgen Butter Zucker	• Backofen vorheizen auf 180 °C Ober- und Unterhitze. • Zwetschgen waschen, längs halbieren, entsteinen. • Die Butter und den Zucker in einem Topf erhitzen, bis die Butter geschmolzen ist. Etwas abkühlen lassen.	Messer Brett Abfallschale Waage Auswiegeschälchen Topf Rührlöffel
	3 300 g	Eigelb Mehl	• Eigelb und Mehl in eine Rührschüssel geben und mit den Knethaken des Handrührgerätes kurz durchmischen. • Butter-Zucker-Mischung zum Mehl-Ei-Gemisch geben und durchkneten, bis ein krümeliger Teig entstanden ist.	Rührschüssel Handrührgerät mit Knethaken
	1 Pck. ½ TL	Vanillezucker Zimt	• ¾ des Teiges in eine gefettete Springform geben und mit einem Löffel zu einem Teigboden drücken. • Zwetschgen dicht nebeneinander in die Springform legen. Nicht in mehreren Schichten auslegen! • Restlichen Teig mit dem Zimt und Vanillezucker vermischen. • Die Streusel krümelig über den Zwetschgen verteilen.	Springform Backpinsel TL
			• Springform auf ein mit Backpapier ausgelegtes Backblech stellen. (Falls Fruchtsaft ausläuft, wird der Backofen so nicht dreckig.) • 45 Minuten backen. Wenn die Streusel braun werden, mit Alufolie abdecken.	Backblech mit Backpapier evtl. Alufolie

Denise Reinholdt: Küchenpraxis: 52 schultaugliche Backofenrezepte
© Persen Verlag

Praxisorientierte Materialien für Ihren Unterricht!

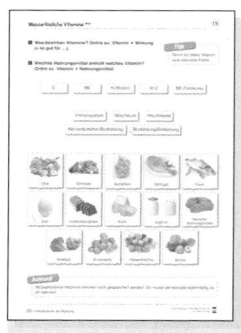

Ursula Oppolzer
Biologie im Alltag: Gesunde Ernährung
Praxisorientierte Materialien zu Vitaminen, Mineralstoffen & Co.

Die Autorin bietet Basiswissen zur gesunden Ernährung für den regulären Biologieunterricht (Lehrplan Klasse 5 bis 8), aber auch für Wahlpflichtkurse und für den Hauswirtschaftsunterricht. Die Vermittlung grundlegenden Wissens über Nahrungsmittelgruppen und Inhaltsstoffe (Vitamine, Mineralstoffe etc.) steht ebenso im Mittelpunkt wie der Bezug zur Lebenspraxis Ihrer Schüler. Auf fast jeder Seite gibt es Tipps zur gesunden Ernährung bzw. deren Umsetzung im Alltag. Zusätzliche Seiten zum richtigen Einkaufen und zur Haltbarmachung von Lebensmitteln, ein abschließendes kleines Quiz, ein kleiner Test und ein Lösungsteil ergänzen die Materialien.
So locken Sie Ihre Schüler aus der Fast-Food-Falle!

Buch, 92 Seiten, DIN A4
5. bis 8. Klasse
Best.-Nr. 23098

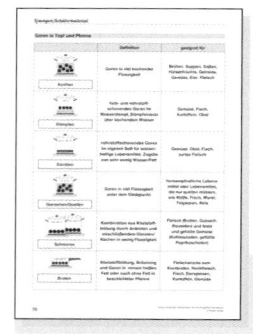

Ursula Oppolzer
Führerschein: Gesunde Ernährung – Sekundarstufe
Grundwissen-Training in drei Differenzierungsstufen

Pommes und Burger sind bei Jugendlichen sehr beliebt, aber leider nicht wirklich gesund. Umso wichtiger ist es, Grundwissen über Ernährung so für Ihre Schüler aufzubereiten, dass diese sich mit Spaß und Begeisterung mit den Inhaltsstoffen von Lebensmitteln und ihrer Bedeutung für die Gesundheit auseinandersetzen. Mit diesem Unterrichtsmaterial in drei Differenzierungsstufen erwerben Ihre Schüler umfangreiches Grundwissen im Fach Biologie. Nach einem kleinen Test erhalten sie am Ende ihren „Ernährungs-Führerschein" in Klasse A, B oder C. Alle Arbeitsblätter, Lösungen, Tests und Zertifikate gibt es zusätzlich auf CD im editierbaren Word-Format.
Das motivierende Übungsmaterial zum Thema Gesunde Ernährung – mit Belohnungsfaktor!

Buch, 86 Seiten, DIN A4, inkl. CD
5. bis 7. Klasse
Best.-Nr. 23412

Heike Frerichs
Führerschein: Chemielabor – Sekundarstufe
Grundwissen-Training in drei Differenzierungsstufen

Der Chemieunterricht findet hauptsächlich im Fachraum statt. Um dort sicher verschiedene Versuche vorbereiten, durchführen und auswerten zu können, muss bei Ihren Schülern grundlegendes Wissen zur Handhabung und Funktionsweise von Laborgeräten vorhanden sein. Auch der verantwortungsbewusste Umgang mit Chemikalien und das Wissen um den persönlichen Schutz vor giftigen oder ätzenden Stoffen sind elementare Bedingungen für einen funktionierenden Chemieunterricht im Labor. Mit diesem Unterrichtsmaterial in drei Differenzierungsstufen vermitteln Sie Ihren Schülern umfangreiches Grundwissen zu den wesentlichen Bereichen des Unterrichts im Chemielabor. Die neu erworbenen Kenntnisse können im Anschluss in kleinen Versuchen praktisch angewendet werden. Nach einem kleinen Test erhalten Ihre Schüler am Ende ihren „Führerschein" der Klasse A, B oder C. Alle Arbeitsblätter, Lösungen, Tests und Zertifikate werden zusätzlich als Word-Dateien auf CD angeboten.
Das motivierende Übungsmaterial zu den Themen richtiges Verhalten, Sicherheit und Messtechniken im Chemielabor – mit Belohnungsfaktor!

Buch, 72 Seiten, DIN A4, inkl. CD
5. bis 7. Klasse
Best.-Nr. 23532

Denise Reinholdt
Küchenpraxis: 42 schultaugliche Kochrezepte

Hauswirtschaftliches Grundwissen, Warenkunde und Zubereitung

Apfelringe im Teigmantel, Helgoländer Tomatensuppe oder selbstgemachte Nudeln – suchen auch Sie stets nach Rezepten, die leicht und schnell zuzubereiten sind, das knappe Budget nicht sprengen und Ihren Schülern auch noch schmecken? Dann können Sie sich jetzt über 33 neue tolle Kochideen freuen. Der Band bietet je Rezept detaillierte Unterrichtshinweise, die auch weiterführende Aufgabenstellungen zu hauswirtschaftlichem Grundwissen und zur Warenkunde enthalten. Die Kochrezepte für die Schülerhand sind mit einer genauen Aufstellung über Portionen, Zutaten, Arbeitsgeräte und Arbeitsschritte versehen und ermöglichen so das selbstständige Arbeiten der Schüler in der Schulküche. Die besondere Extra-Zutat: Alle Rezepte liegen im editierbaren Word-Format auf der beiliegenden CD noch einmal vor.

Einfach, schnell und lecker – praxistaugliche Rezepte für den Elektroherd!

Buch, 112 Seiten, DIN A4, inkl. CD
5. bis 9. Klasse
Best.-Nr. 23445

Unser Bestellservice:

Das komplette Verlagsprogramm finden Sie in unserem Online-Shop unter

www.persen.de

Bei Fragen hilft Ihnen unser Kundenservice gerne weiter.

Deutschland: 040/32 50 83-040 · Schweiz: 052/366 53 54 · Österreich: 0 72 30/2 00 11